U0597382

股权设计
与股权激励
实战

程向辉 著

STOCK

中国纺织出版社有限公司

内 容 提 要

股权激励是企业人力资源管理的金色支点，虽然不是万能药，但对于绝大多数企业而言，无疑是企业可持续发展的强大牵引力，越来越多的企业开始重视股权激励。不过，股权激励是一项技术活，需要专门设计。本书列举大量实例，辩证讲解股权激励的思路和方法，回答了股权激励方案设计及实施过程中的诸多焦点和难点问题，分析股权激励的思维误区及存在的风险，是一本浅入深出的股权激励实用性读物。

图书在版编目（CIP）数据

公司股权设计与股权激励实战 / 程向辉著. --北京：中国纺织出版社有限公司，2021.3（2022.9重印）
ISBN 978-7-5180-8442-5

Ⅰ.①公… Ⅱ.①程… Ⅲ.①股权激励—研究 Ⅳ.①F272.923

中国版本图书馆CIP数据核字（2021）第050407号

策划编辑：史 岩　　　　　责任编辑：曹炳镝
责任校对：王花妮　　　　　责任印制：储志伟

中国纺织出版社有限公司出版发行
地址：北京市朝阳区百子湾东里 A407 号楼　邮政编码：100124
销售电话：010—67004422　传真：010—87155801
http://www.c-textilep.com
中国纺织出版社天猫旗舰店
官方微博 http://weibo.com/2119887771
三河市延风印装有限公司印刷　　各地新华书店经销
2021 年 3 月第 1 版　2022 年 9 月第 3 次印刷
开本：880×1230　1/32　印张：7
字数：150 千字　定价：98.00 元

推荐序

程律师在业务繁忙之余，集理论学习和实践经验思考，荟萃成本书，成绩斐然。程律师平时十分注意学习思考，内容涉猎广泛，特别是在公司治理、企业股份制改革、产权研究等方面多有建树。特别是作为陕西省西安市人大聘请的立法专家，在地方立法工作中做出了突出贡献。

开卷有益，本书是一本实用性读物，读者定位明确，主要是从事相关业务工作的律师同行以及涉及股权激励事项的企业老板和高管。随着市场经济的发展，现代企业制度的完善，社会法律和规则意识的树立，人们权利义务观念的增强，越来越多的企业家、职业经理人由于法律知识的欠缺，面临事业发展的瓶颈。本书以深入浅出、娓娓道来的通俗语言讲述股权设计与股权激励的方方面面，将会为越来越多的现代市场经济条件下的创业者、企业家、职业经理人和劳动者所掌握，以增强他们的专业知识，降低法律风险。作者写作此书，目的也正在于对这些精准定位的读者有所帮助，从而达至间接贡献于基于法治的市场经济的促进作用。

白正谊

北京盈科律师事务所中国区副主任

盈科律师事务所西安分所主任

2021 年 3 月 10 日

目 录

第6章　底线思维：股权体系"保险器"

第1章 揭开神秘面纱
——股权设计、激励ABC

20世纪90年代初，随着改革开放的不断深化和推进，特别是我国社会主义市场经济的逐步建立，出现了股份制企业，尤其是在深圳和上海分别建立股票证券交易市场，人们开始了解股份股权股票等。现代企业经营模式在我国仅仅30多年存在史，而在西方国家，已经有数百年不间断发展的历程。对于我们国家的许多人来讲，虽然大都知道股票股份股权之类的概念，但对其了解仅停留在表面，所以依然感觉很神秘。

股权设计及股权激励是一个问题的两个层面。如果企业需要引入股权机制，就需要依据不同企业的不同实情，请专业人士作专门的股权结构的顶层设计，提出方案。股权激励是就股权的企业功用而言，尤其是那些非上市公司采用的虚拟股权，其企业功能可以说仅仅是为了激励员工，无他。股权激励的目的是为了激发员工的工作激情和责任感，有利于公司的长久建设和快速发展。实施股权管理，不论对于企业，还是对于员工个人，都是有利可图的。因为股权制是企业和员工都欢迎的双赢制度，所以，近些年来，股权制成为众多企业热捧的管理模式，专门从事股权设计的行业和人士也开始走热。

股权、股份、股票的概念、联系及区分

不论是拟定股权设计方案，还是遂行股权激励，都必须弄清楚股权的基本概念，弄清楚股权与股份及股票之间有什么联系，以及三者的区别。

股权指的是股东因出资而取得的，依法定或依公司章程的规定和程序参与公司事务，并在公司享受财产性利益，具有可转让性的权利。拥有股权的主体是股东，不论自然人还是法人都可以成为股东。股权强调的是权力，即参与公司事务的管理决策权，这种权利是基于股东地位而获取的。股东最主要的义务就是投资财产（包括货币、有形的财产或无形的财产性权利），将财产交由被投资人管理经营并承担法律责任，投资人得到相应的权利——可以简单理解成财产换权利。任何形式的投资其目的都是为了赢利，赢利是股权的终极指向物。

股东按其所持有股权比例享有的基本权利如下：一是公司决策参与权。股东有权参与股东大会，并有建议权、表决权和选举权，也可以委托他人代表其行使其股东权利。二是利润分配权。股东有权从公司利润分配中得到股息。普通股的股息是不固定的，由公司赢利状况及其分配政策决定。三是优先受让权或认购权。如果公司因需要扩张而增加注册资本时，现有股东有权按其持股比例，在同等条件下优先认购出资，在其他股东对外转让其股权时，同等条件下优先受让。从而保持或变更其对企业所有权的原有比例。

股份是由股份有限公司的资本划分而来，每一股的股金相等，同一类型的每一股份具有同等的权利。股东拥有股份有限公司股份的多少，就代表着股东在该股份有限公司的权利与义务的大小。股份的价值是通过股票的形式表现出来的，股票持有人就是股东，在法律上拥有股份公司的一部分所有权，享有一定的经营管理上的权利与义务，同时承担公司的经营风险。股票是股东权益的凭证，是公司在筹集资本时向出资人公开或私下发行的用以证明出资人的股东身份和权利，根据持有人所持有的股份数享有权益和承担义务的凭证。

有限责任公司股权是按资本比例划分的，根据出资比例划分股权的大小；当股权按照同等比例平均分配成最小单元时就成为股份，股份只有股份有限公司才有，出资人拥有股份公司一定数量的股份，实际就是拥有该公司一定比例的股权而成为该公司的股东。

股票与股权的区别如下：一是价值不同。股权本身没有价值，也很难判断价值高低。股票有价值，就是股票的价格。二是流动性不同。股权流动性不强，买卖不易。股票流动性好，只要不发生暴跌，随时可以卖出。三是升值空间不同。好的股权升值空间比股票更大，如"滴滴"和"阿里巴巴"股权的早期获得者获利回报几千倍，股票则很难达到这样的收益。四是获益方式不同。股票以差价获得收益，而股权以时间和企业的高速成长获得利益。五是介入时间不同。股票是企业成熟期才拥有的，而股权是企业快速成长期拥有的。六是介入地点不同。股票从股票交易市场获得，股权通过产权交易所股权托管中心来行使。七是介入成本不同。股票是证交所交易价格，成本较高，而股权是每股股份接近净资产的价格，成本较低。八是持有时间不同。股票是短期投资，而股权是中长期投资。

什么是股权设计？股权设计应遵从什么原则？

股权设计要解决的主要问题是确定谁投资，投多少，谁受益，利益怎么分的问题，是公司组织的顶层设计。通过股权设计，将公司创始人、投资人、合伙人、经理人等的利益合理科学地绑定，更有效地适配网络时代的商业新模式。科学精巧的股权设计将股权价值作为公司的战略性工具，建立起公司强有力的市场竞争力，使公司获得指数级的快速增长。

可以说，所有的公司都涉及股权设计问题，不论是上市公司，还是非上市公司，不论是大公司，还是中小微公司，公司诞生伊始就存在股权设计，股权设计伴随着企业的整个生命周期。网络信息化时代下，企业能否成功，股权设计极其重要。

设计股权是一个相当专业的理论问题，也是一个必须贴近公司实际和市场实际的实践问题。设计的思路和方法因公司具体状况存在明显差异，但股权设计也有普适原则。如下六大原则是股权设计的时候必须要认真参照的坐标。

第一个原则：利益优先，感情第二。虽然有限公司、亦或是非上市的股份公司成立的基础具有人合性，但他们投资人的最终目标却是获取最大利润，所以金钱利益面前无父子，商业合作不要把情感因素看得很重要，事实上，个人情感抵不过利益关系。正如著名的投资人徐小平曾说，不要以兄弟感情追求共同利益，也不要以共同利益来追求兄弟感情。股权设计一定要把利益关系放在首位考虑，感情因素放后面。

第二个原则：确立老大的法律地位。公司是个小社会，也是个大家庭，必须要有一位权威老大，否则必然重蹈春秋战国时代的覆辙，导致管理混乱，公司不可能快速成长壮大。股权设计中，老大的股份要大于其余股东股份之和，赋予老大绝对的权力，从法律层面确立老大地位十分重要，事关企业的生死存亡。老大占股多，利益肯定大，但同时肩上担的责任也重，一旦失败，赔的也多。公司需要法律确认的老大，需要凝聚人心的精神领袖。

第三个原则：必须考虑老大的控制权问题。法律上确认的老大能不能取得对公司真正的控制权？这个问题在设计股权的时候必须要研判。毫无疑问，在政府部门和国有企业，老大一定有控制权，但在私企则不一定。私企尤其是初创企业存在非权力领导力现象，不管是不是老大，能力强、有魅力、智商高的人会逐渐成为企业精神领袖，在公司管理中发挥决定性的作用。股权设计要重视这个问题，必须考虑这个因素。

第四个原则：兼顾小股东的利益。俗语说，一个人走得快，一群人走得远。大股东利用其自身优势，对公司具有极强的控制力，当然其利益也能得到充分的保障。但是中小股东由于在公司的话语权较小，利益往往得不到保障，很多时候甚至成为企业发展绊脚石。为保证企业有序发展，应充分兼顾所有股东的利益。

第五个原则：制定动态股权规则。静态的股权规则就是刻舟求剑，墨守成规必然失败。企业在发展，市场在变化，股权设计要以实绩为导向，始终要让能力强、贡献大、价值高的人获益，这就需要设计股权的动态管理办法。

第六个原则：设计好退出机制。创业过程中，总有一些合伙人因为这样那样的原因会退出去，在股权设计的时候就要设计好周全的退出规则。合理有效的退出机制既要保障所有股东的权益不发生损失，又要有利于企业平稳有序发展。

21世纪初，股权激励成为时潮

股权激励开始走热？答案是肯定的。进入21世纪，尤其最近10年来，许多企业开始关注股权激励，开始实施股权管理机制。股权专题讲座和培训班遍地开花，股权设计行业机构及专业人士开始"吃香"，这是好现象。

股权激励为何会走热？原因很多。需求产生价值，股权激励之所以走热，是因为众多企业老板对股权激励有了迫切的心理需求。一是理性需求，认为股权激励对于企业发展具有重要的价值和意义。二是感性需求，面对激烈的市场生存竞争，许多老板产生了强烈的焦虑感和危机感，甚至感到迷茫，希望股权激励能成为点石成金的制胜法宝。

企业导入股权激励，实质是创建一种多方共赢机制。毫无疑问，共赢利于凝聚人心，利于形成同向合力，利于企业可持续发展。股权激励的好处表现在三个方面。

第一，股权激励使公司获益。没有实施股权激励之前，公司是老板的公司，员工没有主人公意识，没有奉献精神，缺乏创新激情，工作的意义仅仅就是为了赚取约定的那份固定工资而已，干好干坏一个样。即便公司经营不善关门了倒闭了，也没啥大不了的，跳槽到其他公司继续打工就可以了。导入股权激励之后，情况发生很大改变，企业经营状况与员工个人利益直接挂钩，员工的站位和立场改变了，工作不再单纯是为老板打工，同时也是为自己而拼搏。工作有了积极性和主动性，应对企业风险的自主意识增强了，团队凝聚力和战斗力增强了。相比过去老板一个人操心，实施股权激励之后，变成了公司上下一群人在主动操心，由此产生的正向推动力显而易见。通过股权激励，将员工利益与企业利益紧密捆绑在一起，员工与企业同方向、共荣辱，心甘情愿承担重任，有利于打造甘于付出、能拼善赢、勇于担当的企业铁军。人才是企业发展的第一资源。通过股权激励，让能力强、贡献大、水平高的员工得到实实在在的好处，让跳槽离职员工付出更大代价，有助于留得住人，减少核心人才流失，保持业务骨干队伍稳定。

第二，股权激励使老板受益。传统型企业尤其是小微企业中，老板与员工的关系实质是一种雇佣关系。一方面，雇佣制的弊端就是导致老板与员工之间有着根深蒂固的矛盾，老板总觉得员工都想干最少的活而拿到更多的薪资，享受更多的福利；另一方面，无论老板发给员工多少工资，员工总认为老板抠门。这种固有的心结导致老板与员工之间总是存在不信任感，互相猜忌，内耗不断而且时常发生。长此以往，老板不但身累，心也累，身心俱疲。即便许多公司实行绩效工资制度，但同股权激励比较，绩效制最明显的效果是激发员工的短期逐利激情，而不考虑公司的长远发展性。导入股权激励，将比较彻底地改变老板与员工之间的那种传统的雇佣关系，形成和谐共赢的局面。员工有了主观能动性，乐意分担老板肩头的责任，老板自然变得更加轻松，有更多时间和精力谋划事关企业发展的一些大事情。企业上下同心协力，大家的心在一处，劲也能往一处使，结果企业赚到的钱更多了，老板和员工共同受益。老板不但有了更多的钱，也有了更多的闲暇时间。另外，实行股权激励，也有助于缓解老板支付员工薪酬的现实压力。尤其是对于实力不够或刚刚起步的企业老板而言，每月支付员工的薪资是一个很大的压力。通过股权激励，让股东让渡一部分利润流向员工，实质上降低了经营成本，减轻了老板的压力。

第三，股权激励使员工得利。实施股权激励之后，员工成为公司的参股人，其站位和心态变了，主人翁意识增强了。打工人很难真正实现个人梦想，得到的仅仅是每月的薪资而已，日复一日，年复一年，始终是打工人。一旦股权加身，员工成为公司的一份子，个人财富因拥有股权而不断累积，员工产生了清晰的身份认同感，公司的前途也自然成了员工的未来，企业与员工的梦想有机合体，形成强大推力。

股权激励：企业管理者的高级智慧

但凡古今中外有大作为的企业，不论是上市公司，还是如华为一般的非上市公司，管理中都离不开股权激励。在中国，自20世纪80年代企业第一次推行股权激励以来，已有几百家上市公司和成千上万家非上市公司实施了股权激励。很多企业在推行股权激励后，企业高管保持了高度稳定性，企业业绩实现了飞速增长。

无数事例证明，股权激励是现代企业管理的高级智慧。企业人力资源管理中，通常实施的对员工的激励方式很多，有精神激励法，有物质激励法，也有混合型激励法，但从目前看，不论理论上还是实践中，似乎没有哪种激励方式比股权激励更优更具价值。中国改革开放后的前几代企业老板尤其第一二代企业老板因为文化程度低等原因，对于股权激励不了解、不理解、不感兴趣，甚至对股权激励带来的分权等问题存有恐惧感。

近些年来，股权激励之所以开始走热，与诸多因素有关。随着时代发展，企业老板的文化程度逐渐提高，对股权激励的价值意义逐步有了更深刻的认识。但也有许多企业老板尤其是小微企业对于股权激励的兴趣仅仅停留在表面上，听起来心动，想起来激动，但没有实实在在的行动。有的虽然也真枪实弹地行动了，但由于设计存在缺陷，实施效果仍十分不理想。我们期待越来越多的企业老板能够真正认识到股权激励的价值、意义及设计原则等，拿起股权激励这一被无数实践证明有效的管理工具，为企业发展提供加速度。

美国《财富》杂志统计，20世纪末到21世纪初，在美国排名前一千的公司中，90%都对管理人员实行了股权激励。全球排名前500的大型企业，全部实行股权激励。如微软、沃尔玛、IBM、戴尔、Google、联想、阿里巴巴等这些超大型跨国企业都是在股权激励下快速成长起来的，无一例外。助力这些企业成功的因素很多，毋庸置疑的是在这些因素中，股权激励绝对不可缺席。股权激励对于企业来说，是创富机器，对于个人而言也是。曾经被称为"一元CEO"的前苹果公司创始人史蒂夫·乔布斯，年薪仅一美元，但靠着股权，不但让公司如日中天，他自己也很快称为超级富翁。

成功的企业家都是哲学家，高超的企业管理既是"术"，更是

"道"。股权激励往往被认为是企业管理的简单工具或方法，其实，股权激励的深层内涵是建立上下同欲的企业价值观体系。小格局的老板不可能创造出大企业来，力行股权激励制度需要企业家具有很高的思想境界，具备宏大的视野和格局。伟大的老板把自己创建的企业不仅仅看作为自己赚钱的工具，更作为一个梦想平台，实现自己的梦想，也实现每一位员工的梦想。许多老板推行股权激励，起始的念头仅仅是为了满足使自己多赚钱的私心，但在股权激励本来属性的催化下，自私的老板们逐渐走出"小我"进入"大我"，甚至化为"无我"境界，很快获得员工的极力支持。在老板博大胸怀的感召下，员工们忘我工作，创造出一个又一个佳绩。不知不觉中，企业快速发展，老板也站到了财富巅峰。

企业股权激励的本质是什么？

股权激励无疑是企业管理的一个利器，但事实上并非所有实施股权激励的企业都得到了预想的效果，甚至个别企业适得其反，掉进股权激励的"大坑"。股权激励失败的原因很多，其中有一个普遍的问题，就是未能深刻理解股权激励的本质，因此在设计股权激励方案及遂行股权激励的过程中误入歧途。

股权激励激励什么，这个问题必须搞清楚，不然会把激励当作奖励。不论是奖励，还是激励，其都是为了鼓舞士气、凝聚人心、增强团队战斗力。但关注点不同，奖励针对的是过往，是论功行赏，而激励则图谋未来。奖励的本质很简单，谁的成绩突出、对企业建设贡献大就奖励谁，而激励的本质则更为复杂。设计者要高屋建瓴，站在企业文化的高度思考问题，不仅只为凝聚人心，也要思考企业形而上的诸多问题。

授予股权，公司图的是什么？这个问题一定要想清楚。老板以股权的形式出让一部分公司实利，是为了留住有用之人为公司长期使用，是为了得到忠诚。工资福利很难换来长久的忠诚，而股权则可以——这是因股权的独特属性所决定的。奖励的原则是论功行赏，谁在过去功劳大，就奖励谁。股权激励的原则是要看对未来企业发展的价值，视价值大小而设计股权激励办法。这就是股权激励的本质特征。

股权设计要瞄准企业的未来，而不是过去。企业的过去仅仅作为股权设计的依据，股权设计的主要目的是打造一支强大的人力"铁军"，广纳能为企业持续快速发展提供强大助力的社会资源。总而言之，股权激励的目的在于未来，绝不是论功行赏。只有明白股权激励的本质，才会清楚股权激励针对的对象、行权期限、进出条件等，才能制定出符合企业实际情况的高效能的股权管理办法。

员工持股对企业的意义

广义上，所有具有独立法人资格的企业，包括那些只有老板一个人是股东的一人有限公司都是股份制企业，区别仅仅在于是否对股权进行了稀释。股权激励对企业发展带来的好处显而易见，但总有许多老板尤其是小微企业老板不愿意让员工持股，根源在于对员工持股的意义认识不足，甚至带有偏见。也有一些老板虽然认识到股权激励对于企业发展有诸多好处，但懒于对企业管理制度进行大胆创新，没有远大的理想抱负，或者对于尝鲜的风险心里没底，有恐惧感，他们仍然习惯于传统的小作坊式的经营模式，沿用"固定工资＋绩效提成"老旧模式。

员工持股对于企业发展的意义表现在三个方面。

一是激发员工激情，提升企业竞争力。员工持股之后，公司的未来就与员工的切身利益紧密捆绑到一起了，公司发展得好，员工就会享受到利益分成。"工资＋提成"的模式拴不住人心，即便工资和提成再高，员工所关心的也仅仅是眼前的短期利益，公司的未来与员工没有多大的利益关联。员工持股改变了身份认知，促使员工开始关心公司的发展，从而激发了员工的工作激情，提高了工作的积极性和主动性，增强了公司的凝聚力，最终必然提升企业的市场竞争力。

二是降低管理成本，提高管理效率。员工持股有利于完善企业的管理体制。科学有效的治理结构是现代企业制度的重要特征，员工持股将对公司的经营管理产生重大影响。员工持股使得员工参与企业决策有了更充分的理由，促使企业实行更为民主化的管理模式。员工持股打破了企业原有的管理生态，优化了企业管理制度，提高了企业管理效率。员工持股后，员工的行为就与自己的切身利益密切相关，促使员工更为严格地约束自己，行为自觉性得到明显提高，使得员工行为与公司管理目标主动地统一起来，极大节省了企业的管理成本，减少内耗，提升效能。

利益紧密关联极大提高了产品质量控制水平，产品质量一旦出现问题，受损的不仅仅是企业和老板，也将直接影响到员工自己的切身利益。员工持股前和持股后，对于产品质量的心态完全发生了改变，员工自己会督促自己一定要把好产品的质量关。老板更省心了，企业的产品质量更有保障了。

三是有利于优化企业的资本结构。员工持股使企业与员工之间结成了一种产权纽带关系，员工的持股资本成为企业资本的有机组成部分。员工成了公司的股东，使企业资本结构发生了变化，出现多元化格局，有利于形成良性资本结构，促进企业更快更稳发展。

公司的股权架构如何设计？

据统计，中国企业生命周期很短，平均存活不足 3 年。究其原因，很大一部分是合伙人之间产生矛盾，最终分道扬镳，公司倒闭。大多是股权结构出现问题，利益之争是导致矛盾的根本原因。不论创业初期，还是企业的发展期，股权架构要合理，利益分配要适当。股权架构合理，合伙人的责权利就清晰，控制权明确，公司运作稳定有利于各种融资，股权架构是公司进入资本市场的前提条件。

有这样一家公司，公司创建初期，有 4 个合伙人，各占四分之一的股权。看似公平合理合情，其实这样的股权架构为后来公司倒闭埋下了隐患。症结是公司的控制权问题，股权平分的结果是控制权均等，谁说了都不算数，决策的时候争论不休，谁都说服不了谁，无法形成共识。久而久之，矛盾越来越深，最后不得不分道扬镳。

另一家公司，有两位合伙人，甲占 70% 股权、乙占 30% 股权。合作过程中，乙方决定离开公司，要求保留原定的股权。虽然甲方是大股东，拥有对公司的控制权，但由于没有制定退出规则，面对乙方的要求，甲方也无可奈何。由于这个原因，几次融资都受到影响。后来乙方自己又成立了一家公司，业务性质与甲方公司完全一样。由于股权设计不周全，导致合作失败，出现矛盾之下各立山头的被动局面。

股权架构设计要有利于吸收能人、强手、急缺人才。有的老板只想吃独食，不愿拿出一部分股权来吸引人才。老板没有大格局，公司很难做大做强。那些真正赚到大钱的老板，往往是愿意分享公司利益的人。雷军为了找一个硬件工程师，打了90多个电话，谈了10多个小时。公司运营需要各方面的人才，高工资也可以吸引人才，但总比不上股权更吸引人。利益面前，人情不值钱。不论什么交情，合作时都要设计好股权架构，做好利益分成切割。只强调交情，不愿意设计利益关系，路肯定走不下去。

新东方、真功夫、国美电器等知名企业都因股权分配不均引发股东矛盾，公司遭受重大打击。天下熙熙皆为利来，天天攘攘皆为利往。不要在利益面前考验人情，朋友、弟兄、亲戚甚至夫妻，合作伊始就要设计好股权架构，签订正式合约。谈好了再合作，不能先合作再谈股权分配。中国人有一句俗话说得好，丑话说到前面，是有道理的。如果股权架构存在纰漏，即便创业之初没有出现问题，在企业发展壮大之后一定会出问题。

通常认为，创始人占股 50%~60%，联合创始人占股 20~30%，期权池预留 10%~20%，这样的股权架构比较合理安全。实际情况则很复杂，很多大企业家占股都很少，如华为老总任正非占股仅为 1.4%，马云占股仅为 4.8%，马化腾占股 14.3%，刘强东占股 15.5%。股权架构不但考验创始人的智慧，同时考验创始人的胸怀和情怀。

股权激励：绿皮车变高铁

绿皮火车的动力在车头，车头拉着几十节车厢往前跑。火车跑得快，全靠车头带。现在有的企业就像绿皮车，老板就像绿皮车的车头，一个人带着几十几百上千过万号的员工往前奔跑。或许老板在别人眼里表现得风轻云淡，其实老板肯定十分疲累。一个人带着那么多弟兄奔跑，心里着火，头上冒着黑烟。这样的老板或许能把公司做得很大，但他本人却累出一身病，精神压力非常大，时常处于焦虑情绪中，有的甚至轻生自杀。局外人很难理解他们的辛苦与压力，外人看到的大多是风光的一面。作为企业的掌舵人，他们心中的压力无处倾诉。他们为什么会这么累呢？根源在他们自己身上，也是由公司机制决定的。

反观如今我国的高铁，为什么能跑那么快，车头也不像绿皮车那么累。原因在于高铁的动力也就是牵引力不在车头，而在每节车厢的底部，车头仅仅控制速度，负责加速还是踩刹车。相比绿皮火车，高铁的车头就轻松得多。有智慧的老板利用股权设计，把责任和权力以股份的形式授予公司关键部门的关键人，那么，这些关键部门和关键人都成了企业前进的动力源。每一个部门相当于高铁的每一节车厢，每节车厢自带驱动力，所有车厢的动力组合成强大的前推动力，推着公司往前跑，推着老板奔跑。股权激励的原理就是将绿皮火车变成高铁，让每一节车厢产生前进的驱动力。

员工与高管以及股权与工资

工资拿得再高，身份依然是打工人；股权即便拿得再少，也属于老板级别，有资格参与公司的分红。一般而言，员工看重工资，高管看重股权。由于年龄阶段以及职场经验和经历等的不同，普通员工的心态与公司高管的心态有明显区别。公司高管大都从零起步，一步一步干上来，花了好多年时间，为公司付出很多，很不容易，所以比较珍惜眼前的状态，不会随便跳槽去陌生的公司。加之公司高管也都到了上有老下有小的人生阶段，折腾不起，大都存在求稳心理，所以对公司的未来充满期待，希望能够拿到更多的公司股权。底层普通员工则不一样，相比主管，他们大都年龄比较小，初出校门，初入职场，心浮气躁，频繁跳槽，不会关心公司的未来，只希望每月的工资能高点就行。

领工资的不会在乎公司的运作经营成本，因为成本与工资多少没有关系，每个月的工资是固定的，这属于常人的正常心理。有公司股权的人则完全不同，他们的分红与公司经营成本有直接关系，所以不用老板督促，他们都会自觉地降低公司的经营成本，以便拿到更多的股权分红。单从这一点就可以看出股权激励对于公司发展的意义。工资是短期回报，是眼前利益，而股权则是长期利益，与公司的未来直接挂钩。

拿到公司股权意味着你是公司决策者之一，股权再少，干活也是为己干的。薪酬是你的薪资待遇，薪酬再高，你也只是给别人打工。靠薪酬管理公司，必然形成自上而下指令式的运作模式。工资模式的公司管理体制严重打击了除老板以外的所有员工的工作积极性和主观能动性，老板时刻担心员工偷懒误工浪费，像防范坏人一样看待员工，无奈之下，只能采取盯人战术来维持工作效率，也就衍生了大量的报表和开不完的各种会议。对于员工人数众多的企业，为了维持指令传递效率和全员覆盖，确保企业管理运作的安全性，只能增多管理层级数量，一层一层管理。这就导致企业成本增大，人浮于事，严重臃员。

相比之下，股权激励则有不可比拟的优点。股权激励使部门乃至员工实现自我管理成为可能，管理就变得简单高效低成本。可大量减少各种报表和会议，催生公司形成扁平化的治理结构，企业既具有互联网企业效率，又可以做到沃尔玛规模。

股权设计中的"一票否决权"

《公司法》中有这样一条规定，即公司做重大决策的时候，在公司章程中如无特别约定，必须获得持有公司三分之二以上股权的股东同意才能通过。三分之二股权也就是66.66……%，也就是说，只要某个股东占股大于33.4%，便有了一票否决权。这个规定的巧妙之处在于"我说了可能不算"，但"我说不行，即便其他所有人都说行也不行"。

公司在进行股权设计的时候，可以依据《公司法》中"一票否决权"规定，设计"一票否决"在公司做决策时候的运用，很有意义。

不过，《公司法》也有这样一条规定，即当公司章程有其他约定的时候，从其章程。也就是说，假如公司章程约定中，将三分之二改为四分之三，"一票否决"的占股比就变成了占股四分之一，只要大于 25% 即有一票否决权。

一票否决权在 PE、VC 领域大量存在和使用，设置的目的主要是解决包括股东、投资者、公司或员工等之间的信息不对称或信用不对称问题。股权设计需要依据自己公司的实际情况灵活掌握，套用股权设计模板或别人的经验，都是不可靠的。华为只有一个，阿里巴巴也只有一个，套用他们的股权设计模式，成不了下一个华为或阿里巴巴。企业做股权设计，老板必须亲自做或参与，不放过股权设计方案的每一个细节。老板做好股权设计的决策之后，可以让下属或别人去执行，总之不能完全交由别人去做股权设计，因为自己公司的问题只有老板最清楚。

有的员工为何不愿接受股权激励？

一家公司经营了五年，发展进入瓶颈期。老板想实行股权激励，但员工反响不强烈。意想不到的情况让老板一时拿不定主意。这种情况屡见不鲜，很多企业会遇到这样的问题。老板想对员工进行股权激励，但员工不买账，不愿意购买公司股权，甚至不愿意接受公司无偿授予的的股权。问题出在哪里？原因表现在四个方面。

一是员工没有入股资金，手头缺钱。其实，就是员工手头没钱，或者定的股价太高，员工买不起。手头有闲钱用于股权投资的员工并不多，一个月工资拿到手，还完房贷车贷，扣除必须的家庭花销，工资就所剩无几了，没有多余的钱购买公司的股权。

二是员工对老板不信任，对企业未来没有信心。如果员工对老板不信任，对公司未来没有信心，就不愿意跟着趟浑水，与公司撇得越清越好，拿拿工资就行，更靠谱一些。假如公司倒闭了，船翻了，直接跳到下一条船上再出发就是了。老板一定要获取员工的信任，让大家能够看到公司美好的未来，他们才会愿意跟着你赴汤蹈火，一起干事业。事实上，站在员工的角度来看，入股就是一种投资，投资不仅要考虑回报，更要考虑风险。

三是怕担责任，喜欢安逸小确幸，满足于小富即安。公司做股权设计时大多会制定约束条款，或者叫增量条款，这就要求员工必须长期保持"战斗状态"，创造更好的绩效，不断创造绩效增量。这样的要求与一些员工的期望相违背，部分员工不愿意因为接受股权而束缚自己给自己套上枷锁。

四是公司的股权激励方案不合理、不公平。假如股权激励方案不合理不公平，员工自然不愿意花钱入股。在股权激励中，公司对股权的合理估值非常重要。老板和员工都十分关心股权定价，定价高了员工不乐意，定价低了老板舍不得。股权分配需要综合考量，尽可能公平合理，既考虑业务类别和职位级别，还要考虑绩效表现等。健全考核机制，明确考核内容和标准，规则清晰，赏罚分明，实施程序公开透明，让员工充分感受到平等和尊重，对公司实施股权激励十分重要。

第2章 奏响股权序曲
——落地前系好"安全带"

不打无准备之仗，推行股权激励，要做好各方面准备工作。

你的公司真的需要股权激励吗？

"我的公司需要股权激励吗？"这是许多老板经常思考的问题。世上不存在绝对健康的企业，不论大企业还是中小微企业，都处于亚健康状态，或多或少都有毛病，轻重缓急不同而已。所以说，不存在需不需要治疗的问题，而是治不治和怎么治的问题。有的毛病必须治疗且急需治疗，有的毛病则可以继续观察。股权激励是企业治病良药，但绝对不是"万灵丹"，也不是唯一的良药，除了股权激励，还有其它良药。需不需要股权激励，要看企业自身的具体情况，把准脉搏，望闻问切辨证诊断，最后作出正确的结论。

那么，如何判断你的公司是否需要股权激励？

一是留不住人才，素质好、能力强的核心骨干大量跳槽。一旦留不住人才，说明企业出了大问题。这个问题急需解决，不然企业衰败是毫无疑问的。试想一下，没有人才，产品质量如何保证？企业的竞争力何存？对于所有的企业而言，高能人才无疑都是第一生产力，也是企业的第一战斗力。无论是大型跨国公司还是中小型民营企业，吸引和留住人才始终是核心问题。人才偶尔流失或个别流失是正常现象。所有企业都在争夺人才，当有更优待遇摆在人才面前的时候，人才就会跳槽，完全可以理解。2010年，"国美"黄光裕案发，陈晓用股权激励让管理层与企业绑在一起，让公司度过危难期。"国美"的消息刺激了"苏宁"，为了防止人才跳槽，为了应对行业内的竞争，"苏宁"张近东果断跟进，也推行了股权激励方案，激励力度超过"国美"。如果人才大批跳槽，那么问题很清楚，一定是企业病了，要么是前景堪忧，要么是人才管理方面出了问题。这个时候，老板有必要试试股权激励，给予能人和高管企业股份，用股权这副"金手铐"拴心留人。但不一定绝对奏效，假如你的企业经营不善，生存艰难，员工看不到公司美好的明天，那么你的股权激励一定没法奏效。

二是普遍存在偷懒、投机取巧、应付差事的现象。固定工资制或绩效工资制必然导致投机取巧和应付差事的现象，不是员工本身出了问题，而是薪资模式设计出了问题，有其因必有其果。固定工资制肯定养懒人，因为不论干多干少干好干坏，每个月都是那么多固定工资。与绩效挂钩的工资制，有激励作用，但会导致投机取巧的现象，不在意公司付出多少成本，只要能获取部门或个人绩效就行。一旦公司普遍存在偷懒、投机取巧、应付差事等现象，那么老板就得认真思考了。针对这种病症，股权激励或许是一剂良药。

三是许多员工表现出对薪酬的不满情绪。工资能让员工完全满意很难，员工肯定认为工资越多越好。工资能让所有员工满意也很难，即便大多数认可，但总有一些人对工资不满意。工资是老板与员工产生心结的根源之一，老板总感觉给多了，而员工总认为太少了。工资的高低与许多因素有关，比如行业行情、企业经营状况、地域特点、部门、业务类型、个人能力素质等。员工对薪资不满，而老板又无法或不愿意给高工资的情况下，实行股权激励不失为良策。

四是公司制定了新目标，需要激发内在动能。股权是老板手中最后能点石成金的"神杖"，也是支撑公司迅猛发展的"底盘"。股权激励的目的是挖掘公司内潜力、激发公司内动力，增加一些像老板一样思考的忠诚合伙人。公司有了更重大、更高远、更长久的战略规划，为了实现目标，需要打造推动企业前行的强大动力。这时候，推行股权激励恰到好处。股权激励的好处是不需要拿出一大笔现金增加员工工资，而是打造共同的梦想，把公司美好的未来卖给那些愿意共担责任、共创未来的合作伙伴。

股权激励施行前的准备工作

规则落地前，做好四个方面的准备。

一是老板的准备工作。企业是船，股权激励是帆，老板是掌舵人。船要升帆了，掌舵人一定不能大意，要眼观六路，耳听八方，细察风力风向，确保股权激励落地有声，推行顺畅，取得实效。

老板需做三件事：第一要调整好心态，做好心理准备。对老板而言，推行股权激励是件大事情，绝不是小打小闹，不论结果好坏，都会伤筋动骨。面对挑战，保持积极乐观的心态，也需要有如履薄冰的谨慎态度，有如临深渊的敬畏心态。压力太大可能产生焦虑，焦虑感不但有损自己的身心健康，还会影响下属的情绪状态。完全没有压力也不对，无压力会失去警惕性，行动随意随性，心思不到，措施就跟不上，会导致本来不应该出现的种种漏洞。第二要静下心，仔细琢磨，倾听各方意见建议，认真思考。利用各种机会，采取各种方式方法，强化对股权理论的研学，学习别人成功的实践经验，走出去进行实地考察观摩。理顺大体思路，针对企业存在的问题，抓住推行股权激励工作的关键点，提出高屋建瓴的纲领。思路成熟之后，组织手下精兵强将着手进行股权激励方案的推敲和拟定工作。第三要作为企业老大，视野要广，站位要高，立足全局，预想全程，围绕股权激励思考方方面面的问题。重担在肩，不可不慎。谁都没有绝对把握断定股权激励就一定能够达到预期效果，甚至不能排除完全失败的可能。凡事预则立不预则废，朝最好的方向努力，也要有应对坏局面的全方面准备。推行股权激励有风险，有谋略的老板一定会在拟定股权激励方案的同时，把问题和困难想足并制订应对预案。

二是员工的准备工作对于股权激励，许多员工似是而非，似懂非懂。股权激励方案推出之前，各层级员工必须知悉相关理论，弄清楚什么是股权激励，该如何看待和参与其中。推行股权激励了，员工们却一眼懵懂，只能说明公司的这项大举措失败了，因为没有起到激励效果。在公司中，老板是主动角色，员工是被动角色。但针对股权激励这件事，员工完全可以在被动中抓住主动作为的机会。拿破仑说：不想当将军的士兵不是好士兵。雷军说：不找我要股权的员工不是好员工。一般而言，拥有公司股权肯定是一件好事——尤其是有美好前景的公司股权。公司施行股权激励，对每一位员工来说都是一次难得的机遇。作为员工，要主动学习有关股权激励的相关知识，把自己摆进去思考利弊得失，确定行动方案。

三是企业的准备工作。从表面上看，股权激励是老板管理企业的一种工具，是地地道道的"术"。其实，股权激励需要生长在特定的企业文化这片土壤里。企业文化是股权激励起效的前提条件，土壤有问题，股权激励会水土不服。推行股权激励之前，企业要全面客观深刻地审视企业文化，自己的企业文化特质是怎样的，是否适合推行股权激励，需要作出判断。如果适合就推行，假如不适合就暂缓推行，下大力气先构建适合股权激励的企业文化而后行之。企业要对股权激励进行动员宣讲，听清楚，弄明白，激发员工的参与热情。

四是方案的准备工作。许多企业家迷信专家，外来的和尚好念经，在制订股权激励方案时大都请外部专家或咨询团队，花钱买方案。寻求外力援助不是不可以，但必须要清楚一点，就是外面请来做激励方案的专业人士或许熟知套路，但绝对不完全了解企业内情，即便做了各式调查研究，也很难发现企业真正的问题。制订股权激励方案最好由企业老板亲自做，至少要深度介入，全程参与，不可完全交由外部专家人员来组织。只有老板才对自己的企业的方方面面知根知底，知道痛处，了解难处，清楚急处。股权激励方案必将重新构建企业文化的大框架，牵扯眼前，事关长远，非同小可。

亏损企业可以做股权激励吗？

假如你是亏损企业，或者目前处于亏损阶段，可以做股权激励吗？话句话说，就是适不适合做股权激励？如果要做，又该如何去做股权激励呢？

一般来讲，企业亏损不适合做股权激励。因为亏损就意味着企业没有利润，企业不赚钱就没法分红，而分红是股东最重要的权利之一，也是经营企业的终极目的。没办法分红又怎么能体现股权的激励性呢？员工把钱放银行，每天还能看到利息，如果投在公司，明显一分钱也拿不到，这种情况下，员工肯定不愿意往公司投钱。员工入股的积极性很差，甚至会认为老板在转嫁风险，反而会造成新的不稳定因素，加速员工跳槽的行动。

但是，并不是说企业亏损就绝对不能做股权激励，任何事都没有绝对。有句话叫患难见真情，企业有难不景气的时候，能对公司鼎力相挺，愿意出资入股，那才是真心愿意跟你走到最后的人，是相信公司有美好未来的人，是相信老板为人的人，这样的人是你应该真正要找的合伙人。平时没法识别真假，关键时刻最能检验人。

有些人能同甘但不愿共苦，公司遇到困难，他们就只顾自己。所以说，亏损企业不是不可以做股权激励，也可以做，这时候做股权激励能寻找到最可靠、最忠诚的合伙人。

问题是企业处于亏损状态，没利润，没法分红，还怎么激励？回答是肯定的，也就是说即便公司处于亏损状态，仍然可以进行股权激励。

首先，对于一个仍然在正常运营的企业而言，通常所谓的亏损仅仅指目前赢利少或者不盈利，公司账目处于进项少于出项的状态。不论什么样的公司，账目平常都是有进有出，一个阶段进多出少，下一个阶段或许进少出多，都是正常现象。所以说，只要公司不死，就不存在绝对的亏损，只能说是阶段性亏损，或者某一个时期亏损。

其次，即便企业近期真的亏损了，但有句话讲的很有道理——少亏也是赢。比如，前年亏损100万，去年亏损50万，换角度想不就是盈利50万？就可以按照盈利50万给大伙儿分红。有人会说，都亏损了，哪有50万来分？其实，公司财务有进有出，只要想分红，就一定有办法。就算公司财务真的很紧张，也要答应大家，等公司有能力时一定要兑现补发这次分红的钱。企业困难时人家都愿意跟着你干，都敢于入股，证明这些人是真正对你对公司信任的人，一定要对得起这些人，一定要兑现承诺，不能食言。

最后，股权不仅有分红权，还有一个权力叫增值权。炒股的人说赚钱了，他们赚的钱就是股份增值权。公司亏损时股价会低一些，只要相信公司未来，将来公司做大做强了，股价就会上涨。这时候，股权增值部分的收益是很可观的。

股权激励针对的是明天的增量，而非今天的存量

股权分的是公司未来的增量，而非眼前的存量。设计股权激励方案之前，公司老板和高管一定要明白这个道理，同时中低层员工也要明白这个道理。老板不要遮遮掩掩，也完全没必要遮遮掩掩，把道理讲得明明白白，一定更能赢得员工的信任和忠心。

很多公司这么设计业绩：完成100万提成10%，超过100万的部分提成20%，超过200万的部分提成30%……这个就是典型的增量思维，干得越多，挣得越多。股权激励的增量来自哪里？很多人认为股权分出去了，股权越分越少，明显是在做减法。其实，股权是永远分不完的，也绝对不是做减法。股权激励不会让员工吃亏，更不会让老板吃亏。但凡觉得自己吃亏了，肯定是没有设计好。

股权分的是未来的钱，不是现在的钱。实施股权激励，分红

的前提一定是创造了更多利润，超出部分给大家分红。利润没有增加分什么？凭什么分？分红一定是增量而非存量。今年利润100万，明年干不到100万就不分。因为股权激励的本质是让大家共创共享共担，而不仅仅只有共享，需要权责利统一，而不仅仅只分享收益。股权激励有个很重要的内容就是制定约束条件，一是约定公司整体目标完成多少？二是个人综合目标完成多少？只有这两个目标同时完成才能进行分红。公司目标完成了而个人目标没完成不分红，或者公司没完成而个人完成了也没有分红。不要觉得苛刻，认为这样规定对做得好的人不公平，正好相反，这样规定恰恰是对优秀的人的一种保护。

增量部分给员工多少合适呢？20%？30%？50%？有智慧、有情怀的老板心胸应该更开阔点，眼光更长远一点。增量尽量让员工拿大头，股权激励的目的是让员工把公司的事儿当成自己的事来干，如果拿得少，就没有明显激励效力。给90%都行，甚至把增量的百分百全给员工都行。因为分红分的是增量而不是存量，存量都是老板的，存量有增无减，今年的增量明年就变成了存量。总而言之，股权分的是未来的增量，而不是现在的存量。按照这个逻辑设计股权激励方案，才是常规的思路，是正确的思路。

股权不是"万灵丹"，用好用对才是关键

股权激励在当下是一个时髦词汇，企业纷纷尝试"下水"。老板欲借其招才纳贤、鼓舞士气、激发员工活力，雄心勃勃的创业者思考如何通过股权分配打造初始核心团队，优秀人才在找寻能给予其优渥股权的慷慨雇主。

然而，事实真的如此美好吗？某互联网创业公司在创业初期急需优秀 IT 人员和市场拓展人才。刚刚起步，公司薪酬水平偏低。为弥补这一不足，创始人在薪酬之外给予员工股权，以期吸引和留住人才。很遗憾，事与愿违。由于公司处于创业初期，其股权在优秀员工眼里并没有很高的价值。在股权这种长期激励失效的前提下，员工更关注工作环境氛围、短期工资待遇、个人成长前景等，而这些正好是初创公司没法给予员工的东西。

股权属于长期激励机制。股权激励仅仅是企业整个激励体系其中的一环，与薪酬、奖金、福利等短期激励组合运用才最有效。股权是金条，工资、奖金、福利是钢筋、水泥和木材，不能用金条去做钢筋、水泥、木材该做的事情。股权是公司极其宝贵的资源，股

权固然有很大激励价值作用，但并不能包打天下，也不是公司激励制度的基础，绝对不能取代薪酬、福利等钢筋和水泥的作用。

与薪酬等不同的是，股权涉及公司权力分配，若授予不当，会对公司运作造成危害。股权是激励体系中力度最强、成本最高的方式，对公司制度的系统性和严密性要求很高。公司该不该做股权激励？应该激励谁？怎么激励？这些问题必须想得很清楚。

公司是否需要股权激励取决于三个方面。

一是内部短期激励是否完备。公司的薪酬福利等短期激励机制已经完备，再考虑是否适合推行股权激励。以阿里巴巴为例，在薪资结构方面，与许多互联网企业一样，阿里巴巴建立了分级制薪酬体系。阿里巴巴的薪酬体系十分严谨细致，非管理职位由低到高分为 P1 至 P10 共十级，最高的 P10 级年薪可达百万以上。福利待遇规则更是丰富多样，无懈可击。完善的短期激励让员工安心，股权激励才能锦上添花。

二是企业是否处在上升期？未来预期是否很强。处于上升期的企业，短期内有较好的分红回报；前景好的企业，股权增值潜力大。这两种情况下，公司股权对员工的吸引力比较大，有推行股权激励的基础。阿里巴巴、腾讯、华为、小米等可以推行股权激励的其中一个原因就是信息技术、电子消费品都是处于上升期的新兴行业，增长快且前景光明。但是房地产、制造业、零售业等传统行业，则未必适用股权激励，提供优厚的薪酬福利待遇效果更佳。

三是是否有合适的激励对象。股权激励选择激励对象要关注被激励人的价值观和成长潜力。股权激励的本质是着眼于未来，那些认同企业价值观的员工更可能与企业风雨同舟、荣辱与共，有潜力的员工才能为企业作出大贡献。股权授予给谁着重考虑两个方面。有些企业以近期业绩、历史贡献作为选择激励对象的依据，这是不恰当的。这两个因素固然重要，但是其重要程度应次于"价值认同"与"未来潜力"。视贡献授股，就会犯"重过往功臣"而"轻未来之星"的错误。而过于看重过往是与股权激励着眼未来的本质相违背的。在所有因素中，价值认同恐怕是最重要的。当当网创始人李国庆、余渝之间的矛盾曾在舆论场掀起了不小的波澜，曾经并肩作战的夫妻尚且可以变得水火不容，更何况事业上的合伙人或公司员工。授股时，必须考察股权激励对象的价值认同度。

中小微企业更需要做股权激励

大企业有大企业的优势，也有大企业的难处。中小微企业也一样，优势是灵活机动，船小好调头，难的是竞争力弱。一没雄厚的资金，没法以优渥的工资福利吸引人才；二缺核心技术；三无品牌的知名度。中小微企业争夺人才难度很大，没有实力给予高端人才以高工资福利，剩下的就是授予股权——这恐怕是唯一的绝招。虽然说中小微企业的股权诱惑力并不大，但可以试一试。没有实力给予高级人才现在，那么就给予人才希望和未来。只要老板有大格局，有敏锐的市场洞察力，有笼络奇才能人的高情商，设计好股权规则，公司的股权激励也可以很好发挥作用，吸引一些人才。

《乔家大院》讲述了这样一件事，乔致庸有一名员工叫马驹，非常优秀，钱庄80%的生意都是经过他的手办理的，绝对是店里的业务精英。当初他离开家乡，千里迢迢来到关外当学徒。希望能赚更多的钱，过上更好的生活。这样优秀的员工突然提出辞职，乔致庸非常不理解。身边一位师爷说，掌柜有身股，年底有分红，伙计只有一点死工资，没有动力。乔致庸恍然大悟，经过思考，他率先在自己的店里推出顶身股。凡店里伙计学徒出师满一年，就可以顶一份身股，可以和东家及掌柜的一样享有分红权。按照这个制度，马驹有两份身股，年底能分到240多两银子，是他工资的数十倍。制度一经推出，马驹就找到老板乔致庸索要辞职信，说不愿意离职了。马驹说，您就让我留下吧，我保证以后会好好给您跑街，现在不仅是为您干，也是在为我自己干。乔致庸推出顶身股的做法立即引起反响，都说这哪儿是给他自己定的店规啊，明明是给所有同行定的行规，谁要是不顺着来，都得垮台呀。

天下熙熙皆为利来，天下攘攘皆为利往。员工追随的是利益，而不是老板，除非老板是员工梦想的化身，能帮助员工实现梦想。有的老板认为员工追随他是因为他的个人魅力个人才华，那是假象，是自我幻觉。如果没有很好的激励，别人凭什么跟你干？工资福利是常规激励，股权是非常规激励，也是最有力度的激励工具。许多老板都知道股权激励的利害，但迟迟不行动，主要是有顾虑，对股权激励的效果缺乏自信。

要想得到忠诚，必须得给人一个忠诚的理由。在这个世界上没有绝对的忠诚，只有彼此的依赖。商场上没有永远的敌人，也没有永远的朋友，只有永远的利益。企业需要忠诚，唯有上下同欲、梦想相合、价值观一致，企业才能成功。员工为什么要忠诚于你呢？企业里有能力的人比较忠诚，还是没有能力的人比较忠诚？一般而言，有能力的人跳槽的可能性比较大，因为他们认为自己有能力，到哪里都能找到工作，也许下一个工作会更好。相比之下，那些能力一般的人则更安于现状。老板要想留住能力强的员工，只能拿出有足够吸引力的筹码，如高工资高福利或股权。有的老板大打感情牌，无数事实证明感情绝对靠不住，感情不能当饭吃。朋友可以帮一时，无法帮永远。

格局决定结局：大作为必得有大格局

许多老板尤其是小微企业老板，舍不得散财，不懂财散心聚的深刻道理，有的虽然也知道其中的道理，但总希望自己 100% 控股。完全拥有公司治理权，拥有绝对决策权，这样才能随心所欲。这是典型的小老板思维，没有大格局，绝对不可能把公司做大做强。纵观那些叱咤风云的大企业家，如比尔·盖茨、巴菲特、柳传志、任正非、王石……没有一个人占股超过 5%，他们深谙股权激励之道。

有太多的老板持股 20%、50% 甚至更高，但每到发工资的时候就发愁，到处筹钱解决员工工资问题。尽管占股很多，甚至占股百分百，可是财富呢？财富其实并不多。举凡取得大成就者，必定是有大格局的人。

有的老板这样算账：我 100% 股权，赚了一千万，这一千万都是我的，如果我把 30% 给了别人，那么我才分得 700 万。他们的这种思维只会做减法，不会做股权激励的加法。老板百分百控股时只能创造 1000 万的价值，如果把 30% 的股份分给 5 个甚至 10 个高级人才，那么就有可能创造五千万的价值。老板的持股比例看似小了，但获利的绝对值却大了。占股百分之百，自认为是企业的主人，实际上是企业的奴隶。

股权激励——话说安全感

许多老板推行股权激励，说的是让利给员工，内心里却潜藏着为自己掘利的想法。俗话说人不为己天诛地灭，琢磨着为自己谋利不能说有啥问题，但不能损人而利己。假设推行股权激励之前，老板心怀这样的念头，那么即便方案制定好了，正式推行了，结果肯定也不会好，因为出发点就是歪斜的。

股权激励可以锦上添花，但很难雪中送炭。公司业绩差要找根源，是不是运营模式有问题？是不是产品开发和质量的问题？是不是营销策略有问题？假如业绩差的时候指望一"股"就灵，肯定是不行了。股权激励固然有诸多好处，但不能包治百病。

攻城是下策，攻心才是上上之策。企业的核心是人，人的核心是心。任何一家企业或公司，不论是股权激励还是其他什么，终极目的都是能聚拢人心，心悦才能诚服。股权激励要能发挥好效力，一定要让员工们有安全感。要把员工当人看，实行人性化的管理，而不是把员工当作赚钱机器上的零部件，能用时不管死活拼命用，一旦零件坏了就随时换掉毫不留情。把员工不当人看，员工哪里来的安全感？员工没有安全感，不论你推行什么措施都不会有好的效果。管理员工与尊重员工绝不矛盾，而是相辅相成。

毋庸置疑，股权激励是很重要，也很管用，但影响一个企业生存发展的真正作用力是企业文化。老板的三观特质严重影响企业文化的特色和基调，华为的企业文化有任正非为人处世的特点。比如说媒体曝光的昆山侮辱员工的企业，可以推想其企业文化是怎么样的，进而推想这家企业的老板是怎么样的。像这样拿员工不当人看待的企业，即便推行了股权激励，肯定不会有好效果。

人向被尊重的地方去，财向被保护的地方去。做老板要懂这两句话的意思，做股权激励更要琢磨这两句话的道理，否则不管怎样的方案，股权激励都不会有好效果。被尊重是人的本性所求，是所有人的天赋权利，除非处于没吃没穿的窘况境地。

企业和老板做股权激励之前，出发点要正，目的要人性化，这一点十分重要。心态正了，方向就对了，方向对了，目标就定了。方向对了，目标定了，剩下的就是找实现目标的方法，研究制定股权激励的细则。

如何通过股权解决人才流失问题？

有位做健身房的老板说自己很痛苦，花多年苦心培养了一位很能干的高管，最近却提出辞职，要出去单干。健身房是门槛很低的行业，这位高管熟悉了开店及运作所有流程后，觉得给别人打工赚不到钱，不如自己当老板，就提出辞职。

类似这样的事很多，人才流失几乎是所有公司都会遇到的问题。也没必要痛苦，铁打的公司流水的员工，人家要辞职也没法责怪，谈不上谁对不起谁的问题。假如辞职的真的是公司的精兵强将，对公司而言肯定是一种损失。人家觉得跟着你没赚到钱，或者觉得没有给员工提供成长的机会，产生跳槽的念头很正常。尤其是门槛较低的行业，或者那些人力密集型的行业，出现类似情况实属常见。想要留住人才，就得了解员工的心理需求，除了涨工资福利之外，就是股权激励，给员工股份。

这家公司是做 K12 教育的，有一位跟着老板干了八年的高管突然提出辞职，老板心里很不是滋味。经过琢磨，老板提出了一个内部创业的方案，其实就是股权合伙。老板提出一个新项目让这位高管独立去做，公司出70%的启动资金，高管30%。约定在投资回本之前按照出资比例进行分红，资金回本之后倒过来分红，也就是公司分30%，高管个人分70%。同时约定，假如创业失败，公司投入的钱高管按70%的比例偿还。这样的约定老板觉得不亏，高管也接受，因为高管手头缺少创业资金，公司帮他解决了。就这样，老板和高管签订了合作合同，项目启动很顺利，经营得也是风生水起。

股权激励是解决人才流失的好办法，但股权需要根据公司的具体情况设计，没法照搬照抄别人的模式。行业不同，公司规模不一样，每个人的心理需求有差异，股权设计必须因公司因实情因人而设计。为什么要在这一章讲这个问题？因为在做股权设计之前，需要针对人才流失问题进行仔细分析，然后有的放矢制定股权实施细则。股权激励方案一定不要照搬照抄，要吃透吃准自己公司的实际情况，盯着最重要最关键老板最头痛的环节设计。只有适合自己公司的方案才是好方案，才会有好效果。

股东会、董事会、经理的权利与职能

有的老板对关于董事会与股权的常识不了解，这些知识在推行股权激励之前都是必须要十分清楚的事项。

很多公司没有董事会，但有执行董事，不过这个执行董事也只是当初公司在工商局注册的时候被动填写的，工商局让怎么填写就怎么填写，项目包括监事、经理等。有的老板为了注册，随便写几个人，如亲戚、朋友、同学。许多公司股东只有老板一个人，也就没有股东会。股东会是公司的最高权力机构，股东会选举董事，产生董事会，董事会再推举董事长，聘任公司总经理。这些规则许多老板并不清楚。

股东会是公司的权力机构，董事会是公司的决策机构，总经理履行的是公司的执行机构的权利及职责。

股东会的权利是决定公司的经营计划、投资方案、决定和更换由职工代表担任的执行董事监事、审议批准董事会报告、审议批准监事报告、审议批准公司年度财务预算方案及决算方案、审议批准公司利润分配方案、对增加或减少公司的注册资本作出决议、对发行公司债券作出决议、对公司合并分立解散清算或变更公司形式作出决议、修改公司章程等。总之，公司的股东会是公司的最高权力机构，设计公司的重大事项和决策都由股东会负责。

董事会的义务和权利有哪些？因为董事会是股东会选举出来的，就必须要向股东会负责，要向股东会报告工作。报告内容包括执行股东会决定的情况、公司内部管理机构的设置、决定聘任或者解聘公司经理及其报酬事项，以及制定公司的基本管理制度。董事会制订公司经营计划、投资方案、财务预算方案与决算方案等，然后股东会来审批审议。董事会可以决定公司的总经理，制定公司管理制度。

总经理主持公司生产经营管理工作，组织实施公司年度经营计划和投资方案，拟定公司内部管理机构设置方案，拟定公司基本管理制度，制定公司规章，提请聘任或者解聘公司副总经理，决定聘任或解聘除应由董事会决定聘任或者解聘以外的管理人员，履行董事会授予他的其他一些职权。总经理负责的是执行层面的工作，执行董事会的决策。

股东会、董事会、总经理都是处理关于公司治理层面的事，诸如薪酬绩效考核晋升。公司发展的过程是从管理到治理的过程，治理管理是两码事。企业规模小的时候主要是公司的管理，规模做大以后，公司员工特别多，这时候治理是要点。

上面所讲的是通常情况下的职能区分，实际操作需要按照公司章程进行。公司章程是公司宪法,公司运作必须严格按照章程进行。

公司章程——不得不谈的话题

实行股权激励之前,必须修改完善公司章程。没有实行股权激励的公司,一般不会关注公司章程,似乎可有可无。一旦实行股权激励,公司章程就十分重要,因为公司章程规定了公司股东之间的各种关系以及行为准则等,是不可或缺的约定。

许多公司的章程都是当初工商注册的时候套用的工商局的模板,甚至许多公司都不是老板或公司负责人具体办理,而是通过别人代办。公司运营好多年,谁都想不起公司还有个什么章程。有的公司注册的时候直接从网上下载模板,修改一下就用了,工商注册的时候也顺利通过了。这样的做法存在很大隐患和风险,因为章程就是公司的规则,是股东之间的一份契约,作为政府管理部门的工商局有案可查。

许多公司股东就老板一个人,即使注册的时候有其他股东,但也都是家里人,事实上仍然是一个人说了算,风险很小。但是如今的时代是合伙人时代,单打独斗的时代已经不复存在。尤其做了股权激励之后,公司有了新的合伙人,公司团队的人成了公司股东。

这时候公司章程的重要性就凸显出来了，如依然沿用原始章程，就有问题了。所以，在公司决定推行股权激励之后，前期准备阶段必须修改公司章程，以适应新情况。

如召开股东会，模板章程一般规定提前 15 天发通知。如果仍然按照这个规定去做，有可能会遇到问题。有些小股东故意找麻烦，明明收到通知了，却说没有收到，故意失踪。新章程就要对该条做修改，规定对于联系方式要求签字备案，通知一经发出即视为收到。之所以规定尽可能细致，就是防范个别人钻空子。"均瑶乳业"就出现过这种问题，由于一个占股很小的小股东就是不参会不签字，导致议程无法推进，议案就卡在那。再比如说，对于不同类型的决议，规定不同的得票门槛，哪些过三分之二，哪些须过半等。除了公司法要求必须过三分之二的几件事，如增减资本、修改公司章程、解散或变更公司形式等，其他的规定过半就准予通过。

从人性的角度看股权激励

对于股权激励，老板和员工思考问题的角度不同，关注点也不一样。我们从人性的角度分析一下，有助于更加理解股权激励的实质。所谓人性，即人的本性，是滤除了理性思维之后人的心理特点。

许多人都有"宁为鸡头不为牛后"的心理。鸡虽小，牛虽大，但许多人仍然愿意做鸡头而不愿意成为牛尾。这就是很多人的本性特征。只要具备条件，只要有机会，绝大多数人都会自己当老板，而不愿意给人打工。所以职场就存在这样一种现象：员工时刻寻找着自己创业当老板的机遇，老板时刻提防着有能力的员工离职。公司精英离职对于老板而言无疑是个噩梦，尤其是关键岗位的关键人才，在掌握了核心技术或利用公司建立自己的客户人脉后，极有可能独立创业，而这些员工一旦离开公司后就会成为公司的竞争对手，对公司的危害极大，一方面对外瓜分公司的市场份额，摊薄公司的利润空间；另一方面对内会对留下来的员工造成很大的压力和负面效应。因此所有老板都在思考如何才能留住人才、吸引人才。最好的办法就是给予股份，也就是股权激励，这样既满足了员工想当老板的梦想，也实现了老板留住人才的愿望。

某位员工人品很好，又非常有能力，老板十分器重和赏识。老板想让他去当一个项目的经理，可是这位员工说什么都不乐意去，找了一大堆理由就是不去。他不想操那个心，拿同样的工资，干嘛操那心？后来老板答应给他10个点的股权，员工一听，痛快答应了。这就是人性，给自己干与给别人干完全不一样。

尤其现在，80后都逐渐成了职场老人，90后成为职场主力军，慢慢地 00 后也陆续进入职场了。各个年代的员工的观念有明显差异，新生代人更加张扬有个性，对于传统管理方式逆反心理很严重，不愿意接受以往那种层级式的管理方式。有人说，70 后既愿意上班又愿意加班，80 后只愿意上班不愿意加班，90 后既不愿意上班也不愿意加班。不需要讨论真实与否或利弊得失，有一点是肯定的，就是不同年代的人的观念差异性是真实存在的。面对新生代员工，需要有新思维，需要实行新的激励模式。

不论什么样的员工，追求心理安全感是共性，也是人性需求。影响心理安全感的因素很多，对未来的预期是很主要的一个层面。不是说眼前工资福利待遇不错就能有安全感，他们还会想到未来是不是有保障。比如，公务员的工资福利待遇并不是很高，但为何至今仍然有那么多人热衷于考公务员？原因其实很简单明了，就是为了将来的稳定生活，只有稳定才有可预期的安全感。

毫无疑问，拿到公司股权会给员工真实的安全感，股权激励对于员工而言有巨大的吸引力，这也正是股权激励能凝聚人心的原因所在。对未来有了安全感，员工的观念就会随之发生变化。他们就不会像以前那样只顾眼前利益，而是把自己的前途与公司的未来结合起来。老板要从人性的角度时刻关注员工的安全感问题。

如何从人性角度看待尊重人力资本的问题？我国历史上的晋商把股东分为两类，一类是银股股东，另一类是身股股东。银股股东就是出钱出银两，身股股东就是提供人力资本。人力可以入股占股，是对人性的尊重，而不仅仅眼里只有钱。数百年过去了，如今入股基本上只看钱，只把货币出资人当作股东，这是常态。钱比人重要，出人力就是打工者。给予员工公司股份，把人力与货币同等看待是人性观念的进步。把员工当人看，而不仅仅当作给自己赚钱的工具，这就是人性化思维。

老板和员工是相互依存关系，公司其实就是维系这种职业生态的一个平台。最人性化的情况就是老板不要独占利益，而是与员工按照某种规则分享公司的发展利益。老板不能认为我给你发工资奖金了，就公平合理了。公司发展壮大固然离不开老板，但员工也做出了贡献，有的甚至贡献了青春贡献了十年二十年。而公司发展的溢价则与他们无关，工资之外的剩余价值也与他们无关，这样合理吗？合情吗？从人性角度思考，回答是否定的。把公司的发展未来与员工分享分成是有智慧的老板的聪明做法，也是符合人性的做法。这样做不仅仅有利于员工，也有利于老板和公司。利益一体化避免员工的短期行为。比方说职业经理人，假如其利益没有与公司未来合体，那么他必然不会在意公司的长远利益而只追求眼前利益。如果他有公司的股份，情况就完全不同。

通常来讲，员工和老板的观念和利益之所以是对立的，是因为老板认为给员工的薪酬是成本，从而影响了他的最终收益。而员工认为只要自己付出了就应得到相应的薪酬，与公司最终的净利润多少无关，并不关心成本与收益之间的比例。股权激励能比较好地解决这个问题，可以变对立为联合。因为他们有了共同利益，一荣俱荣，一损俱损。在人性动力的促使下，他们心往一处想，劲往一处使。股权激励符合了人性特点，顺应了人性诉求，尊重人性的结果使公司发展强劲有力。

第3章
股权分型：不一样的激励

实施股权激励，在股权设计的时候，设计者的工具箱中有多少工具，有哪些工具？是这一章所要讲的主要内容。

干股：只能分红，不可转让

谈到股权，许多人首先想到的就是干股。那么，什么是干股呢？有人认为不需要支付对价款的股权就是干股，也有人认为只拿分红的股权就是干股。人们常说干股只能分红，由此有人认为干股没必要进行工商注册登记。也有人认为记名股是实股，未记名的股权为干股。最高院最高检联合发布的《关于在贿赂刑事案件中适用法律若干问题意见》中，指出"干股是在没有出资的情况下获得的股份，包括实际进行转让登记，也包括未进行转让登记，只拿来分红的。"从这个司法解释中，我们可以了解到干股就是实际未出钱拿到的股权都属于干股。

一家餐饮企业与门店员工签订了一份股权激励协议，协议约定员工持有该店10%的干股，享有10%的分红权。针对这个约定的股份是不是实股的问题，双方发生争议，最后闹到法院。

干股不是一个法律术语，因此在社会上的概念历来存在比较大的争议。上述案例中，将干股与分红权同时写入协议，本来就容易引起争议。正规的股权激励文件中，不能用干股这样的词汇，或者如果有干股字眼，而且明确写明只享有分红权，不享有其他权利，如表决权转让权等，在司法实践中公司针对员工分配的这种只享有分红权而无其他权利的干股，如无其他证据证明员工的股东身份，此时，法院会把这种分红认定为员工的绩效奖金。干股这一说法的概念模糊不清，法律上也有争论，如果想不出资获得股权成为股东，还应符合《公司法》对股东资格的其他要求。所以公司在做股权设计的时候，不要用干股这一说法，如不想让员工成为实质上的股东就直接申明为分红激励即可。

干股就表象而言是股权无偿或附条件赠与，其取得与存在必须以合法有效的赠股协议或者股权转让协议等文件为前提，不得存在强迫威胁或侵犯第三人利益的行为。

赠与干股应符合股权转让的要件，受到公司法及公司章程的规制。对于有限责任公司而言，股东向非股东第三人转让股权，应当书面通知其他股东，并须经其他股东过半数以上同意，当然公司章程有更高要求的，必须遵从其规定。而股份有限公司以收购股权方式对其员工进行干股奖励时，必须经过股东大会的决议通过。否则，干股赠与行为无效。

在签订干股赠与协议后，公司应当就干股股东对公司股东名册予以变更，签发出资证明书，并变更公司章程，并向工商管理部门进行变更登记。若仅有股权赠与协议，而不在公司章程或者工商管理部门登记，该干股股权不得对外对抗善意第三人。换句话说，对公司内部有效，对公司外部无效。

干股主要存在于民营企业，尤其是创业型民营公司。主要是发起人股东为笼络公司的重要合作伙伴或者留住高级管理人员及核心技术骨干，通过无偿赠与或者奖励股权的方式以便获得其对公司的先进技术、业务渠道等无形投入。干股的本质是资源交换。

采取干股方式的原因主要有两点。

一是以无形资产出资但无法进行工商登记，采取干股方式。我国《公司登记管理条例》明确规定"股东不得以劳务、信用、自然人姓名、商誉、特许经营权或设定担保的财产等作价出资"，《公司法》也明确规定非货币资产出资必须是"可以用货币估价并可以依法转让的非货币财产",因此,一部分对公司发展极具价值但无法合法出资成为股本的无形资产(比如优质劳务、先进技术、商誉、秘方、独特的营销渠道及管理经验等)可变通采取干股的方式,由对其认可的股东垫付出资或赠予股权。

二是出于股权激励的考虑。对于高科技或管理类公司,为留住技术性、管理性或者其他核心人才,确保员工利益与公司利益较强的一致性,一种是公司通过增资配股或者收购的方式将股权无偿奖励或低价分配给员工,一种是大股东将其部分股权无偿奖励或低价转让给公司员工。

一般情况下公司章程会限制干股转让的。因为持有干股的股东是指不实际出资而用特定的具有特殊价值和人身依附性的劳务、信用、自然人姓名、商誉等不符合《公司法》规定的出资形式进行出资的。一种情况由于持有干股的股东并没有按《公司法》的要求出资验证,如没有登记在公司股东名册,未进行工商登记等,他可能不是真正意义上的股东,因此不能对干股进行转让。此种情况下,干股是一种公司的分红协议,而不是真正的股权。另一种情况,持有干股的股东办理了工商登记,也登记在公司股东名册,其要转让股权就要符合《公司法》的相关要求。通常情况下,因该股东在公司,他的这些价值就能为公司所用;如他离开公司则该价值即可丧失，因此，公司会在公司章程或协议中约定这部分干股会由公司的原股东无偿或低价受让，当然也有按照持股的正常价值自由转让的。

虚拟股票：所有权和收益权分离

虚拟股票顾名思义就是虽然名曰股票其实并非真正的股票，而是借股票的名头行激励之实，是虚拟的股票分红模式。虚拟股票运用于非上市公司，是一种虚拟持股计划。不需要工商登记，也不需要更改公司章程，同时不违背国家的法律法规，是在公司内部虚构一部分股票授予员工，仅仅反映在公司的财务账面上用于内部结算，单列虚拟股分红专项资金。虚拟股票的最大特点是只有收益权，与股份的所有权无关。持有虚拟股份的员工可以分红，也可以享有股份的增值收益，但不享有股东所享有的表决权。但这部分虚拟股票是不能公开流转或向公司以外的不特定对象发行的。说的实际点，虚拟股票只不过是公司内部利润分配的一种形式。

一家电子企业推行虚拟股票激励计划。将虚拟股票授予公司的高管和技术骨干。将年度员工奖励基金转换为公司虚拟股份，授予激励队形持有，在规定期限内按照公司股份价格以现金形式分期兑现。具体如下：设立虚拟股份激励奖励基金，确定年度提取奖励基金的总额，确定公司虚拟股份初始价格，确定年发放虚拟股份总股数，对授予对象进行综合考核并确定其评价系数（虚拟股份的分配比例系数），确定计划受益人的评价系数与单位系数的分配数量，确定所获虚拟股份奖励的数量，兑现虚拟股份。

虚拟股权激励的缺点是员工并不持有公司真正的股份，分红时提取奖励基金。可见，虚拟股权激励的力度弱于真实的股票期权激励。虚拟股票不涉及所有权，实质上是奖金的延期支付，长期激励效果并不明显。虚拟股份在非上市企业被广泛应用，但并不适合所有企业。如果现金流不充裕，虚拟股票激励模式往往面临非常大的压力，激励对象可能因考虑分红，减少甚至于不实行企业资本公积金的积累，而过分地关注企业的短期利益。另外，在这种模式下的企业分红意愿强烈，导致公司的现金支付压力比较大。因此，虚拟股票激励模式比较适合现金流量比较充裕的非上市公司和上市公司。因此，虚拟股票激励最好与其它股权激励工具组合使用，使股权设计成为一种有条件可转换的模式，在符合规定的特定条件下，将虚拟股票转化为相应的公司真正的实股。

虚拟股票的优点是虚拟股票不影响公司总资本和股本结构。虚拟股票激励模式还可以避免因股票市场不可确定因素造成公司股票价格异常下跌对虚拟股票持有人收益的影响。

业绩股票：业绩指标决定收益水平

业绩股票是指股份公司用以作为长期激励性报酬支付给经营者的普通股，股权的转移由经营者是否达到了事先规定的业绩指标来决定。业绩股票是股权激励的一种典型模式，指在年初确定一个较为合理的业绩目标，如激励对象到年末时达到预定的目标，则公司授予其一定数量的股票或让其提取一定的奖励基金购买公司股票。业绩股票的流通变现通常有时间和数量限制。激励对象在以后的若干年内经业绩考核通过后可以获准兑现规定比例的业绩股票，如果未能通过业绩考核或出现有损公司的行为、非正常离任等情况，则其未兑现部分的业绩股票将被取消。高管年度激励奖金建立在公司当年的经营业绩基础之上，直接与当年利润挂钩，一般与当年公司的净资产收益率相联系。公司每年根据高管的表现，提取一定的奖励基金。高层管理人员持有的本公司股票在行权时间上均有一定限制。高层管理人员的激励奖金在一开始就全部或部分转化为本公司的股票，实际上在股票购买上有一定的强制性。

对于激励对象而言，在业绩股票激励模式下，其工作绩效与所获激励之间的联系是直接而紧密的，且业绩股票的获得仅决定于其工作绩效，几乎不涉及股市风险等激励对象不可控制的因素。在这种模式下，激励对象最终所获得的收益与股价有一定的关系，可以充分利用资本市场的放大作用，激励力度较大，但与此相对应的是风险也较大。对于股东而言，业绩股票激励模式对激励对象有严格的业绩目标约束，权、责、利的对称性较好，能形成股东与激励对象双赢的格局，故激励方案较易为股东大会所接受和通过。对于公司而言，业绩股票激励模式所受的政策限制较少，一般只要公司股东大会通过即可实施，方案的可操作性强，实施成本较低。另外，在已实施业绩股票的上市公司中有将近一半为高科技企业，它们采用业绩股票模式的一个重要原因是股票期权在我国上市公司中的应用受到较多的政策和法律限制，存在较多的障碍。

业绩股票激励模式有以下四方面优点。

一是能够激励公司高管人员努力完成业绩目标。为了获得股票形式的激励收益，激励对象会努力地去完成公司预定的业绩目标；激励对象获得激励股票后便成为公司的股东，与原股东有了共同利益，更会倍加努力地去提升公司的业绩，进而获得因公司股价上涨带来的更多收益。

二是具有较强的约束作用。激励对象获得奖励的前提是实现一定的业绩目标，并且收入是在将来逐步兑现；如果激励对象未通过年度考核，出现有损公司行为、非正常调离等，激励对象将受风险抵押金的惩罚或被取消激励股票，退出成本较大。

三是业绩股票符合国内现有法律法规，符合国际惯例，比较规范，经股东大会通过即可实行，操作性强。因此，自2000年以来，国内已有数十家上市公司先后实施了这种激励模式。

四是激励与约束机制相配套，激励效果明显，且每年实行一次，因此，能够发挥滚动激励、滚动约束的良好作用。

业绩股票激励模式缺点：一方面，公司的业绩目标确定的科学性很难保证，容易导致公司高管人员为获得业绩股票而弄虚作假；另一方面，激励成本较高，有可能造成公司支付现金的压力。

业绩股票激励方案设计时，应注意激励范围和激励力度的确定是否合适。激励范围和激励力度太大，则激励成本上升，对公司和股东而言，收益不明显，现金流的压力也会增大；而激励范围和激励力度太小，激励成本和现金流压力减小了，但激励效果也很可能减弱了。因此公司应综合考虑各种因素，找到激励成本、现金流压力和激励效果之间的平衡点。一般而言，激励范围以高管和骨干员工较为适宜，激励力度对于传统行业的企业而言可以低一点，对于高科技企业而言则相对要高一些。

股票期权：为股东创造长期价值

股票期权作为企业管理中一种激励手段源于20世纪50年代的美国，70~80年代走向成熟，为西方大多数公众企业所采用。我国的股票期权计划始于20世纪末，曾出现了上海仪电模式、武汉模式及贝岭模式等多种版本，但都是处于政策不规范前提下的摸索阶段。直到2005年12月31日，中国证券监督管理委员会颁布了《上市公司股权激励管理办法（试行）》，我国的股权激励特别是实施股票期权计划的税收制度和会计制度才有章可循，有力地推动了我国股票期权计划的发展。期权是一种能在未来特定时间以特定价格买进或卖出一定数量的特定资产的权利。

期权交易是一种权利的交易。在期货期权交易中，期权买方在支付了一笔费用（权利金）之后，获得了期权合约赋予的、在合约规定时间，按事先确定的价格（执行价格）向期权卖方买进或卖出一定数量期货合约的权利。期权卖方在收取期权买方所支付的权利金之后，在合约规定时间，只要期权买方要求行使其权利，期权卖方必须无条件地履行期权合约规定的义务。在期货交易中，买卖双方拥有对等的权利和义务。与此不同，期权交易中的买卖双方权利和义务不对等。买方支付权利金后，有执行和不执行的权利而非义务；卖方收到权利金，无论市场情况如何不利，一旦买方提出执行，则负有履行期权合约规定之义务而无权利。

期权也是一种合同。以小麦期货期权为例，对期权买方来说，一手小麦期货的买权通常代表着未来买进一手小麦期货合约的权利。一手小麦期货的卖权通常代表着未来卖出一手小麦期货合约的权利；期权的卖方负有依据期权合约的条款在将来某一时间以执行价格向期权买方卖出一定数量小麦期货合约的义务。而期权的买方负有依据期权合约的条款在将来某一时间以执行价格向期权卖方买进一定数量小麦期货合约的义务。

期权的价格叫作权利金。权利金是指期权买方为获得期权合约所赋予的权利而向期权卖方支付的费用。对期权买方来说，不论未来小麦期货的价格变动到什么位置，其可能面临的最大损失只不过是权利金而已。期权的这一特色使交易者获得了控制投资风险的能力。而期权卖方则从买方那里收取期权权利金，作为承担市场风险的回报。

虚拟股票和股票期权有一些类似的特性和操作方法，如激励对象和公司在计划施行前签订合约，约定给予虚拟股票的数量、兑现时间表、兑现条件等。

虚拟股票与股票期权的差别在于：一是是否实际认购了公司的股票。相对于股票期权，虚拟股票并不是实质上认购了公司的股票，它实际上是获取企业的未来分红的凭证或权利。二是持有人获得收益的形式。在虚拟股票的激励模式中，其持有人的收益是现金或等值的股票；而在企业实施股票期权条件下，企业不用支付现金，但个人在行权时则要通过支付现金获得股票。三是报酬风险不同。只要企业在正常盈利条件下，虚拟股票的持有人就可以获得一定的收益。而股票期权只有在行权之时股票价格高于行权价，持有人才能获得股票市价和行权价的价差带来的收益。

期股计划：只需支付部分首付

期股计划是指企业和员工约定在将来某一时期内以一定的价格购买一定数量的公司股票，购股价格一般参照股票的当前价格确定，该计划同时也对员工在购股后出售股票的期限做出规定。

现股计划、期股计划、期权计划，这三种方式都能使中层干部获得股权的增值收益权，其中包括分红收益、股权本身的增值收益。年度结束时，公司依据年度绩效评估，将中层干部分成不同评定等级。有的企业分为四个等级：卓越贡献者、高成就者、成功者、需改进者。同时基于公司的奖励股票基数，给予相应数量股权，股权的数量取决于中层干部对公司做出的贡献和个人成长的潜力。

现股计划和期股计划都是预先购买了股权或确定了股权购买协议的奖励方式，当股权贬值时，员工需要承担相应的损失。因此，员工持有现股或签订了期股购买协议时，实际上是承担了风险。而在期权激励中，当股权贬值时，员工可以放弃期权，从而避免承担股权贬值的风险。在现股计划中，由于股权已经发生了实际的转移，因此持有股权的员工一般都具有与股票相应的表决权。而在期股和期权计划中，在股权尚未发生转移时，员工一般不具有与股权对应的表决权。在现股计划中，不管是奖励性授予还是购买，员工实际上都是在即期投入了资金（在奖励性授予的情况下，实际上也是以员工应得奖金的一部分购买了股权）。

而期股和期权计划则是要求员工在将来的某一时期才投入资金购买。在期股和期权计划中，员工在远期支付购买股权的资金，但购买价格却参照即期价格确定，同时从即期起就享受股权的增值收益权，因此，实际上相当于员工获得了购股资金的贴息优惠。

限制性股票：禁售期和解锁期

限制性股票指上市公司按照预先确定的条件授予激励对象一定数量的本公司股票，激励对象只有在工作年限或业绩目标符合股权激励计划规定条件的，才可出售限制性股票并从中获益。

限制性股票方案的设计从国外的实践来看，限制性主要体现在两个方面：一是获得条件；二是出售条件。但一般来看，重点指向性很明确，是在第二个方面。并且方案都是依照各个公司实际情况来设计的，具有一定的灵活性。

国外大多数公司是将一定的股份数量无偿或者收取象征性费用后授予激励对象，而我国在《上市公司股权激励管理办法》（试行）中，明确规定了限制性股票要规定激励对象获授股票的业绩条件，这就意味着在设计方案时对获得条件的设计只能是局限于该上市公司的相关财务数据及指标。

国外的方案依拟实施激励公司的不同要求和不同背景，设定可售出股票市价条件、年限条件、业绩条件等，很少有独特的条款。而我国明确规定了限制性股票应当设置禁售期限（规定很具体的禁售年限，但应该可以根据上市公司要求设定其他的复合出售条件)。

如果公司股价上涨超过了一定价位，期权持有者就能比限制性股票持有人获得更多的收益。

一家上市公司给一位管理层1万股股票期权，执行价格为每股30元。他的一位同事则获得3500股限制性股票。5年后，股票期权持有人可能会执行所有的期权买入股票，而他的同事也能够出售所有的限制性股票。如果5年后股票价格升至60元，股票期权持有人将获得30万元的税前收入，而他的同事通过出售股票将获得21万元的税前收入。如果股价5年后跌至15元，股权将不值得执行，而持有限制性股票的人通过出售股票将获得52500元的税前收入。比较税前收入，可以看出股票市价的变动直接决定了两者的收益。

可以看出，上面这个案例成立的前提条件是：上市公司授予管理层和员工股票期权与限制性股票的数量存在很大差别，股票期权数量要远高于限制性股票，这也是国外的实际情况。

股票增值权：通过股票增值获利

股票增值权通常与认购权配合使用，其中股票增值权不须实际购买股票，经理人直接就期末公司股票增值部分（期末股票市价－约定价格）得到一笔报酬，经理人可以选择增值的现金或购买公司股票。此外，由于经理人并未实际购买股票，故可避免"避险行为"的发生。

享有股票增值权的激励对象不实际拥有股票，也不拥有股东表决权、配股权、分红权。股票增值权不能转让和用于担保、偿还债务等。每一份股票增值权与一股股票挂钩。每一份股票增值权的收益＝股票市价－授予价格。其中，股票市价一般为股票增值权持有者签署行权申请书当日的前一个有效交易日的股票收市价。

股票增值权的有效期各公司长短不等，一般为授予之日起6~10年。股票增值权是指公司授予激励对象的一种权利，如果公司股价上升，激励对象可通过行权获得相应数量的股价升值收益，激励对象不用为行权付出现金，行权后获得现金或等值的公司股票。股票期权实质上是一种选择权，即被授予者享有的在未来规定的若干年内（行权期）按授予时（授予期）规定的价格（行权价）和数量（额度）自由购买公司股票（行权）的权利，这个权利被授予者可以使用，也可以放弃。

作为股权激励工具中的两个重要分支，股票期权和股票增值权既有着很多共同的特点，同时也有着本质的区别。如同硬币的两面，二者是独立客观存在的，不存在包含的关系。

股票期权和股票增值权都是期权金融工具在企业激励中的应用，他们共同赋予激励对象一种未来的风险收益获取的权利，当市场价格高于激励对象的行权价格时，激励对象可以行权获得收益，否则，激励对象可以放弃行权，避免损失。股票期权和股票增值权共同的获利原理均是二级市场股价和企业授予激励对象期权时约定的行权价格之间的差价。在可以实现的激励目标上，二者有很大的共同点，都具有很好的长期性和激励性，但约束性会偏弱一些。

股票期权和股票增值权区别主要在于激励标的物的选择。股票期权的激励标的物是企业的股票，激励对象在行权后可以获得完整的股东权益；而股票增值权是一种虚拟股权激励工具，激励标的物仅仅是二级市场股价和激励对象行权价格之间的差价的升值收益，并不能获取企业的股票。

激励对象收益来源不同。股票期权采用"企业请客，市场买单"的方式，激励对象获得的收益由市场进行支付；而股票增值权

采用"企业请客，企业买单"的方式，激励对象的收益由企业用现
金进行支付，其实质是企业奖金的延期支付。

第4章
因人制宜：以激励对象为导向

股权设计不能指望一把钥匙开遍天下锁，不能不加研究地套用现成模板。股权激励必须因人因时因势因企业因发展阶段而制宜。

如何用股权激励上下游合作伙伴？

股权激励不仅仅指激励内部员工，企业上下游也需要股权激励，而且实践证明效果非常好。谈这个话题之前，先谈谈老板的三种境界。第一类，"小我"老板。小我老板只关注自我需求，凭借一技之能身先士卒，行为只以自利为导向。他们或许也有战略规划能力，也有经营模式的设计能力，也有渠道开拓能力，凭借小聪明小智慧，能调动员工干劲，释放员工的能力才干，干得有声有色，甚至富甲一方光宗耀祖。第二类，"大我"老板。相比"小我"老板，"大我"老板更有格局，眼光更长远，胸襟更开阔，有更远大的理想抱负。他们不仅仅激励内部员工，还激励上下游合作伙伴，甚至与政府、银行这些相关机构及有竞争关系的同行和谐共处，共同把行业蛋糕做大。第三类，"无我"老板。他们放下了自我，运筹帷幄，山河万象能为我所用，属于最高境界的老板。做老板要跳出"小我"的狭隘格局，成为"大我""无我"的高阶老板，要善于激励上游供应商和下游经销商，建立广泛的利益共同体，聚集能量，爆发强大的市场竞争力。

"泸州老窖"是如何用股权激励上下游的？

很多企业采取返点的形式激励经销商，"泸州老窖"做得更有创意。"泸州老窖"定期不定期地组织召开全国经销商大会，参会的不仅仅是"泸州老窖"的经销商，还会请来众多各类烟酒店老板，寻求与之合作的机会。开出的条件很诱人，不但给予极大利润空间，还答应成为"泸州老窖"的股东。

"泸州老窖"的股权激励机制很有创意。假设公司总股本是10个亿，那么从公司总股本中增发1000万股股份，给下游经销商。经销商所获得股份数额取决于为泸州老窖创造的价值。比如销售额完成100个亿，就配送1000万股。如果销售额完成1个亿，就获得1%的股份，1000万的1%就是10万股，10万股份要不要花钱买？当然要，一分钱都不会少。那么经销商就会问，凭什么？其实这个购买跟市场上股份购买不同，卖给经销商的股票确保没有任何风险。经销商进货越多，公司配送的股份额度就越多。对销售商股权激励之后，"泸州老窖"的销售额大涨，企业基本面被市场看好，股价不断上涨。经销商看到股价上涨，就更拼命进货卖货，形成良性循环。结果出现买"国窖1573"赠"茅台"的现象，又恰好赶上股票市场牛市，"泸州老窖"股票曾经一度上涨到76元钱一股。当时上海有一家经销商，卖酒没赚几个钱，但是靠获得的股权挣了1000多万。

"百丽鞋业"激励上下游的绝招。

"百丽鞋业"是知名品牌，有万家专卖店。"百丽"老总原来是国家公务员，退休后想干点事，于是找了几个人合作设计鞋子，然后找工厂加工生产。运作得还不错，就开了旗舰店。旗舰店运作得也挺好，于是开始整合销售渠道。梦想越来越大，希望未来有一天能够成为上市公司。为何有那么多经销商愿意与"百丽"合作？因为只要销售"百丽"产品就可以成为"百丽"分公司，将来"百丽"成功上市，哪怕只占很少股份，都能成为千万富翁。凭借这种模式，"百丽"对下游销售渠道得以快速整合。与上游生产商的合作模式是"百丽"负责研究设计，他们只负责生产产品，产品由"百丽"包销。两个要求：一是"百丽"派品质总监到工厂对产品质量把关，二是"百丽"派财务总监驻厂监督，生产厂商创造利润的 51% 归"百丽"所有，49% 归生产厂家。生产厂商可以成为"百丽"的股东。生产厂商不但没有任何风险，而且"百丽"一旦上市，工厂获利非常可观。"百丽"深谋远虑，用股权激励的方式让三方走在了一起，"百丽"销售额猛增。"百丽"后来在中国香港成功上市，融资额度非常可观。如今，"百丽"已经成为中国服装鞋帽品牌的大咖。

整合社会资源的最好方法就是对上下游进行股权激励。

激励上下游要做好七个必须。

一是必须坦诚告诉上下游，给予他们股权激励的起心动念。坦诚赢得信任，欺瞒是在给自己挖坑。欺骗上下游，最终欺骗的是自己，必然会被自己挖下的坑所埋葬。

二是必须讲清讲透企业发展战略目标，让上下游有信心。企业的方方面面都要讲清楚，描绘企业发展愿景。大到国际形势，中到国家宏观政策，小到行业现状和前景，团队优势及拥有的资源等都要告诉上下游。

三是必须告诉上下游自己企业的盈利模式。简单说，就是说明企业靠什么挣钱？盈利模式一定有独到之处，并具有可操作性，有别于同行业企业，这样才有吸引力，更具竞争力。

四是必须让上下游了解企业具体的发展规划。如何组建团队，部门工作如何开展，市场如何布局，如何开发产品，如何做客户服务，如何创新等，这些都必须交代清楚，最好形成系列的成品文件和落实方案。

五是必须让上下游了解投入的回报及风险。投入是为了回报，同时也有风险。回报要讲清楚，风险也要讲透彻。要让上下游心中有数，朝最好方向努力，有接受最坏结果的心理准备。不能只讲回报而不谈风险，这样不好。

六是必须让上下游知悉进入条件。合作双方一定都是有条件的，俗话说得好天下没有免费的午餐，双方都得有利可图才能成为合作伙伴，让合作成为双方价值增值的可能。

七是必须让上下游明确退出机制。开启合作关系有条件，退出也有规则。能够愉快进入，也可以顺利退出。进入和退出都有条件和约定，并提前讲好尽量具体明确。

股权之外——企业接班人精神内核激励

企业老板总是要交班的，培养企业接班人虽然不会是当务之急，但却是迟早必须要做的事情。阿里巴巴的马云50多岁，已经交班了。微软公司的比尔盖茨 2008 年退休，时年 53 岁。有远见的老板尤其是大企业私企老板总会考虑自己退位后的接班人问题，家族式企业自然会交权给下一代亲人，儿子闺女或者孙子。不是家族式的现代企业的接班人问题更加复杂和重要，大老板需趁早培养自己的接班人。

企业接班人的股权激励没有什么特别的地方，与其他人的股权激励办法一样，该怎么激励就怎么激励。这里要谈的是对企业接班人不一样的激励法则，及精神内核激励法。貌似题外话，实则很重要。我们讲股权激励要因人制宜，对企业接班人的股权激励必须附加精神内核激励才适宜。企业接班人也可以称为企业的未来之星，或者明天之星。一般而言，一开始无法确定谁能担负如此重任，需要考察筛选。所以未来之星常常不是一个人，而是好几个接班人"苗子"。需要对这些"苗子"都进行股权之外的精神内核激励，这样的股权激励才更加立体有效。精神内核激励很难直接写入股权激励方案，但作为企业十分重要的一项大事，在做股权激励的同时，必须予以关注。假如对企业接班人仅做股权激励，而忽视精神内核激励，这样的股权激励是不全面的激励，不是因人制宜的激励。

首先，对企业接班人要做使命激励。使命即企业的责任和任务，与个人无关，是针对企业而言的，比如阿里巴巴的企业使命就是"让天下没有难做的生意"。每个企业设定的企业使命不同，企业使命是企业文化的内核，是统一企业思想的精神支柱。作为企业未来的接班人，必须要有比别人更强的使命感，否则企业就会失去航向。股权激励瞄准员工的物质财富需求，而精神内核激励则瞄准思想观念的提升。

其次，对企业接班人要做愿景激励。愿景是一种由组织领导者与组织成员共同形成，具有引导与激励组织成员的未来情景的意象描绘，在不确定和不稳定的环境中，提出方向性的长程导向，把组织活动聚焦在一个核心焦点的目标状态上，使组织及其成员在面对混沌状态或结构惯性抗力过程中能有所坚持，持续依循的明确方向、步骤与路径前进。藉由愿景，有效培育与鼓舞组织内部所有成员提升职能，激发个人潜能，促使成员竭尽全力，增加组织生产力，达到提升顾客满意度的组织目标。愿景受到领导者及组织成员的信念和价值观、组织的宗旨等影响，是一种对组织及个人未来发展预期达成未来意象的想法，它会引导或影响组织及其成员的行动和行为。阿里巴巴的企业愿景是"成为一家持续发展102年的企业，成为全球十大网站之一"。为什么是102年而不是100年？阿里巴巴的102年是有特殊含义的，102年就可以横跨三个世纪。1999年创业，过一年就是21世纪，21世纪100年，21世纪之后就是102年。这是一个很有意思的企业愿景。每个企业的愿景不一样，不论什么企业，对企业未来的接班人都要做好企业愿景的固化教育和激励。

再次，对企业接班人进行企业价值观固守教育与纠偏。价值观是"三观"之一，世界观讲"你在哪"，是对于世界的基本认识；人生观讲"你去哪"，是人生目标；价值观讲"怎么去"，是对实现人生目标的方法和路径的选择。人有人的价值观，企业有企业的价值观，比如阿里巴巴的企业价值观是"客户第一，团队合作，拥抱变化，诚信激情"。任何人都不能违背企业的核心价值观，是所有员工的行为准则。

最后，对企业接班人进行信念训练和激励。信念指引着情绪和欲望的方向，信念出了问题，情绪和欲望会随之改变。信念决定了会产生什么样的情绪和欲望，情绪和欲望无法产生信念。和信心不同，当欲望强烈到必须付出更多信心时，才慢慢会往信念的方面去转变。信念决定了对环境和事物产生什么样的情绪和欲望。每个人心中都生长着一棵"信念树"，"信念树"的树干是人的核心信念，丛生于核心信念之上的是数不胜数的各种小信念，大大小小无数信念构成人的信念系统。伟大的企业家都有着与常人不同的"信念树"，优秀"信念树"需要长期精心打造。

专门针对老员工设计的四种计划

据统计，世界 500 强企业的平均寿命是 40 年，中国大型跨国公司的企业平均寿命是二十几年，中国大型集团公司的企业平均寿命是 10~12 年。由此可见，要想把企业做成百年老店绝非易事。善待老员工是保证企业基业长青的重要方面，只有符合人性的企业才有可能长久，很难想象一个违背人性的企业能成为百年老店。

随着企业存续的时间越来越长，必然会有许多供职时间长的老员工。他们陪伴企业好多年，为企业的发展壮大立下了汗马功劳，甚至是企业的开疆功臣，是企业发展的推动者和见证者。或许他们已经青春不再，虽然有经验，但知识水平却赶不上新入职的员工，在企业内部的竞争力每况愈下。作为企业，不能因为他们老了，就将他们无情地推出去，而要关心他们，让他们在适合的岗位上继续释放能量。对他们给予应有的适当的股权激励，让他们对自己的未来有足够的安全感。

有些上市较早的大型公司中，老员工因为股票获益非常丰厚，钱多了，工作动力就随之下降，人性使然。马化腾就承认这个现实，说我们腾讯的老人有两种情况，一种人的确失去了进取的动力，常规的激励对他们已经发挥不了作用。他们盘算的就是找机会离职，出去自己创业。对这类老员工的激励很伤脑筋。还有一类人仍然保持着很强的动力，还能继续成长，即便不激励，他们也会一如既往努力工作。

首先需要厘清什么是老员工，然后再谈激励。老员工所谓的"老"是一个相对概念，在公司里面，有绝对的年轻，但没有绝对的老。区别或者定义老员工，每个企业需要根据自己的情况做规定。为了便于操作，需要明确规定超过多少年的员工才称为老员工。对老员工的股权激励可谓是一箭双雕，既是对老员工对公司作出贡献的褒奖，也是给新员工的鼓励。看到老员工能得到如此褒奖，新员工也会安心工作。

一是在职老员工感恩计划。设定员工工龄达到一定年限之后，公司根据设定的一些权重因子如工龄、职位、工资、福利等，算出该得的感恩激励金百分比，然后将此款项存入员工指定的账户——个人账户或亲属账户。比方说，该员工月薪 1 万，年薪 12 万，工龄 5 年，结合其他权重因子，最后算出他的感恩激励金为 3%，也就是每年 6000 元。公司将这笔钱存入员工提供的账户中，假如账户是员工爷爷奶奶或父亲母亲的，那么每年元旦或春节前员工亲人就会收到一笔感恩金。钱虽不多，但意义重大。

二是老员工退休福利计划。当员工工龄超过 20 年或 30 年之后。企业要制订老员工退休福利计划。比方说规定每月向退休老员工发放数量相当于他离开前最后 12 个月平均工资的 1/2 或者 1/3。假如他最后一年的工资总额是 12 万，也就是说一个月 1 万元钱，那么 1/2 就是 5000 元钱，1/3 就是 3500 元，四分之一就是 2500 元。

三是扶助离职老员工创业计划。"麦肯锡"将员工离职视为学生毕业离校，建立"麦肯锡"校友录。"麦肯锡"培养出了上千名世界五百强核心高管。"麦肯锡"业务跟他们连接的时候，打起交道就很顺畅。"麦肯锡"能成世界第一大咨询集团，不是没有道理的。"贝恩资本"提出"真心牵挂，人走心连"的口号，公司专门设一个主管，专门为那些离职员工提供服务。每天的工作就是跟离职员工联系，打电话，聊聊天，通知大家公司要开一个联欢晚会欢迎参加，定期给他们发送公司最新消息。老员工因为诸多原因辞职离职，一般的公司都是让他们一走了之，也有一些聪明的公司会和这些离职辞职的员工建立长期联系，临走时还组织"握手话别，配送嫁妆"等人情味浓厚的活动。把老员工扶上马送一程，还会关心老员工离职后的再就业状况，尽可能提供各方面帮助。这样的行为感化的不仅是离职员工，更多的是在职员工。

四是老员工回归计划。"摩托罗拉"有一套完备的老员工回聘制度，精心设计"百鸟归巢计划"，欢迎老员工回头继续来公司工作。请离职老员工回归需要胸怀和度量，显示企业的格局。凡是有人离开公司，总是有原因的，有的是员工个人的原因，但许多反映出来的是公司管理缺陷。公司要思考他们离职的根源，以此为契机改进工作思路。

创业元老——金色"降落伞"

《乔家大院》讲述了这样一件事：大掌柜顾天顺为乔家效力 40 多年，20 岁时到乔家打工，30 岁时成为大掌柜，在这个位置上一干就是 30 年。转眼到了 60 岁，面临退位，他觉得再不捞一点就没机会了。于是他搞了不少小动作，被老板发现后给予严肃处理，让马荀当了大掌柜。顾天顺带着二掌柜和三掌柜一起闹事，说我效力 40 年，落得如此下场，挑唆大伙闹事。老板对顾天顺说，顾爷，我有几句话要跟你讲，实际上我能理解你，当初贪点儿银两目的是为给你老母治病，你是个孝子，为了尽孝，你做这些我能理解。包括你任人唯亲，咱铺子有规定，这事得其他掌柜担保才行，而你没征求任何人意见就直接把亲戚安插到店里来了。后来了解你这么做也是受你母亲所托，不得不做。现在你要离开了，我考虑到你母亲身体不好，你年龄也大了，我专门为你买了一套房子，你可以把你老母亲接过来住，方便照顾。你虽然不用到柜上来干活了，但工钱奖金分红都可以照拿。这个时候，新掌柜马荀接过乔老板的话茬，说以后凡是在这里效力 30 年以上的一律保留身股养老。顾天顺听后感动得不得了，其他人听了也对乔老板的为人更加心服口服。

常言道，家有一老如有一宝，但对企业而言，老人是不是宝真不好说，但却是必须要安置妥当的。企业元老既可以是企业正资产，也可以是企业负资产。不论如何，都有妥善安置好企业老人，尤其是那些劳苦功高的创业元老。

中国历史上，处理元老最好的莫过于宋太祖赵匡胤，杯酒释兵权，劝做富家翁。兵不血刃地消除了隐患，建立文官治国体制。

企业处理元老问题有三策。

下策：离职补偿模式。又称高职补偿计划。离职补偿计划包括过去国企改制时经常采用的买断工龄模式，以及目前企业常采用的离职补偿模式。即企业解除与元老的劳动关系，并根据劳动法的规定，按照其服务年限为其提供离职补偿金、赔偿金等法定补偿。这种方式最为简单，也最为粗暴，实际上是逼迫元老离职后到竞争对手处继续工作，让公司所掌握的核心技术、核心商业机密甚至核心客户一并流失，给企业造成很大的损失，同时也会给企业的商誉和品牌形象造成很大的负面影响，并让员工对公司的忠诚度消失殆尽。

中策：内部创业模式。内部创业模式即通过对内部业务的分拆和剥离，将一些非核心业务和资产剥离出去，并以承包经营或实物投资的方式交由元老进行经营，使元老从公司的核心业务中独立出去，为核心业务的发展创造一个良好的经营环境。比如一家大型化纤企业，将其旗下原有的遗留下来的医院、学校以及部分配套服务（如设备维修等）独立出去，采用承包方式或者合资方式，交由本该被裁员的部分中高层领导经营，有效缓解了内部矛盾，使企业的改革得以平稳顺利地推进。这属于内部创业模式，虽然消除了元老的负资产效应，但也降低了元老的正资产效应，使公司的资源分散，内部不能形成合力，也使元老的专有经验和知识不能为公司继续使用，造成了很大的浪费。

上策：金色降落伞模式。金色降落伞计划是以股权激励为手段，采取"股权激励＋现金补偿"等方式，让元老甘心地离开现有管理岗位，为企业的核心员工腾出发展空间。现金补偿可让元老离开原有高管岗位后仍能过上体面的生活，而股权激励部分则使元老的身份从高管转变为股东，元老未来的收入仍与公司业绩紧密相关，从而让元老永远心系企业。

"股权激励＋现金补偿"的金色降落伞计划是一种长短结合的

退出机制，比单纯的股权激励和单纯的现金补偿方式更有优势。方案设计较为灵活，核心要素有两个，即高额激励和长期激励。唯有高额激励方能让元老心甘情愿退居二线，唯有长期激励方能让元老永远与企业同心同德。实施金色降落伞计划时，很多企业往往没有兼顾这两个核心要素，尤其是很多企业习惯于采取一次性支付高额离职补偿金的方式让元老尽快离职。这样不但加大了企业的现金压力，也对离职后的元老失去了制约，导致元老二次创业或者加盟同行企业成为企业的竞争对手。而有些企业不愿意对元老进行高额激励，导致元老心生埋怨，私下里也会做出很多伤害企业利益的行为。

金色降落伞计划要考虑如下三个因素。

一是现金补偿金额的计算。具体补偿金额一般由企业与元老双方协商确定，对于离职的元老，一般以法定离职补偿金为基数，乘以相应倍数（如2~3倍）来计算。而对于离岗不离职的元老，则可以其月薪或年薪为基数进行计算。

二是现金补偿的发放。现金补偿的发放一般采取两种方式，即一次性支付方式和延期支付方式。一次性支付方式即在元老离职或者离岗后以现金形式一次性支付，从此两不拖欠。延期支付则是在元老离职或离岗后2~3年内有条件分期发放。延期支付有利于强化对元老的长期激励约束，所附加的条件一般包括竞业禁止限制条款、商业机密保护条款、离任审计及终身责任追究条款等内容，可以避免因离职元老成为竞争对手，或泄露商业机密而给企业造成经济损失。

三是股权激励计划的制定。股权激励部分由于具有长期性和未来收益的不确定性，对元老的长期激励约束效果要好于现金补偿，让元老能够更加关注企业的经营，并愿意持续贡献自己的经验和知识等正资产。股权激励同时也能极大地降低公司的现金支出压力。可采取的股权激励方式形式多样，如股票期权、期股、限制性股票等，具体的激励计划（如数量、股票价格及授予和行权方式等）可以由企业与元老协商确定，也可纳入公司的整体股权激励计划之中统一考虑。

核心高管：在职分红、135渐进激励

假如目标利润是 1378 万，超过的部分可以通过超额利润进行分配。也可以从 1378 万中拿出一部分来进行分红。这两种方法可以组合设计，具体如何设计需要根据具体情况，实事求是是马克思主义活的灵魂。

第一，定时间。定时间即确定股权激励的导入时间，何时导

入，何时考核，何时截止，何时审核。比如说开始时间定在 2019 年 1 月 1 日，激励周期 1 年，2019 年 12 月 31 日截止，审核时间定在 2020 年 1 月 15 日之前。时间可以灵活确定，激励周期一般是一年。有的公司将考核称之为评估，听起来更柔性。

第二，定数量。定数量可以"三步走"。第一步，确定虚拟股总股份。比方说，把公司股本虚拟为 1000 万股，当然也可以是 1 亿股或 100 万股。最好是不低于 100 万股，因为被激励的人心理感受不一样。比方公司注册资金为 100 万，可以把它虚拟为 100 股，也可以虚拟为 100 万股，相同的占股比例，5 股与 5 万股的感受是不一样的。第二步，作价。按照资产作价，比如说一块钱一股。假如把资产虚拟为 1000 万股，这 1000 万股等于公司股份的 100%。然后确定增发 100 万、200 万或 300 万股进行在职分红激励。第三步，计算。假如高管拿到增发的 200 万股，那么 1000 万股除以 1200 万股，再乘以每股的价格就得到了增发价格，用于激励管理团队的利润百分比。举例，今年实现 1000 万的利润，公司把这 1000 万当中的 30% 拿出来用于管理团队进行分红。一共是两个干股，那么假如公司增发 200 万股，给 10 个高管分 200 万股。如果高管数量增加，就给每个人股份增加，比如说多一个人就增加 30 万股。管理团队的人数越多，分红的股数也就越多了。公司分红的总额度 30% 是不变的，不影响在职分红。假设 30% 的股份对应的利润是 1000 万，那么，200 万股每股五毛钱跟 500 万股每股两毛钱是一样的。所以人数增减，对在职分红没有任何影响。假如利润还是 1000 万，但公司会留一些作为发展基金，而不是全部分掉。预先设定减去超额利润之后，将一定比例的利润预留为企业发展基金，剩下的用于注册股东和管理团队的分红。

第三，定条件。考核指标一般而言不要超过五个，关键指标不少于三个。一是考核思想意识。价值观是否与公司保持一致，是否认同企业文化，有没有职业使命感，是否签订劳动合同、保密协议、竞业禁止协议，是否遵守公司的有关制度等。有些人能力很强，但不认同企业文化理念和价值观，这样的人不可靠，可以给他在职分红或者超额利润激励，但不可以让他成为注册股东，成为合作伙伴。二是考核绩效。假如设定目标是实现利润 1378 万，完成了系数是 1；只完成 85%~100%，那么系数为 0.9；完成 70%~85%，系数为 0.7；完成 50%~70%，系数为 0.5；完成 50%以下，系数为 0。三是考核行为表现。约定具体的行为指标，如自觉性如何，自律性如何，团队精神如何等。可以约定一年内违规次数在五次以内，如果超出，将被取消年度分红权。四是考核品德。考核的时候，打分的可以是老板，可以是同事，可以是客户。假设人品支持率很低，就要被取消分红资格。五是考核学习。即便再有能力，如果不注重学习，就会跟不上知识更新的速度。

除了上面的在职分红，还有一种135渐进激励法，即1年的分红，3年的滚动考核，5年的锁定。3年滚动考核加5年锁定，总共是8年，这是国际上通用的股权激励的一个标准周期，也就是一个职业经理人变成企业真正的合法股东的周期。所以老板必须要有长远的规划和愿景，员工才愿意追随。做8年的股权激励，就必须制定企业未来30年的规划。

通常不建议给只在企业工作1年的核心高管注册股份。只有跟着老板很多年，彼此十分了解，人品绝对没问题，这时候可以考虑给注册股份。按照岗位价值评估的方法，预定一个额度，通过1年评估期，看看最后能拿到多少，再到工商局注册。

如何确定注册比例？第一年给激励对象10万股，第二年8万股，第三年7万股，三年累计25万股，平均每年8.3万股。公司总股数125万股，8.3万股占7.66%，这个就是给激励对象注册的股份比例。

3年考核结束之后进入五年的锁定期，有三个问题需要注意。

一是预付定金的额度，原则上激励对象购买股份的定金额度占全款的5%~10%，而且是不能够退的。

二是何种情况下，企业可以终止激励？有如下情形即可终止：不能胜任工作，违反职业道德，失职渎职，严重损害公司利益或者声誉而被降级降职；泄露公司机密，与外部人员勾结进行不正当交易行为；私自开设与公司相同或相近业务的公司；自行离职或因个人原因被公司辞退；伤残丧失行动能力或死亡；违反公司章程制度，违反公司保密制度；违反国家法律规定被刑事处罚；锁定期内公司发生重大变化，比如说公司重组兼并转让被收购等。

三是已经支付全款购买公司股份的激励对象如果中途退出该怎么处理？如果锁定期是 5 年，在不到 3 年时离开。离开的时候公司处于盈利状态，公司可以原价回购其股份，退还本金。离开的时候公司处于亏损状态，按照比例弥补公司亏损后才可以离开，弥补上限是出资额。比如当初花 50 万购买了 10% 的股份，现在公司亏损了 1000 万，那么他最大的资金弥补上限为 50 万，而不需要按照股份比例同比计算弥补 100 万。公司提前上市了，比如说在锁定期第二年，有风投进来，公司准备要上市了，这时候为了加快公司上市步伐，就要提前解锁并加快注册。如果锁定期是 5 年，激励对象在锁定期超过 3 年但不到 5 年时离开，分以下几种情况：假设风投进来，这时候公司一般以溢价的方式回购其股份。公司是盈利的，但风投没有进来，按照原价回购其股份。公司亏损，没有风投进来，按照比例弥补亏损。公司不到 5 年上市了，提前解锁并且加快注册。如果锁定期是 5 年，激励对象在到期后离开，那么直接注册股份。5 年到期了，他因为自身原因不愿注册了，这时候公司可以用净资产每股收益价格回购，或者由双方协商一个合理价格由公司回购。

挖来的"牛人"如何进行股权激励？

有一位老板从外面挖来一个据说很牛的人，到公司上班不到一年。自从来到公司后就一直跟老板提要求，要求公司给他股权，而且不少于十个点。老板很困惑，这种情况不知道该怎么处理，给还是不给？给多少适合？这便是这里要谈的主题，即像他这样所谓的牛人到底能不能成为合伙人？到底能不能直接给他股份？

需要肯定的是，对方主动要股权是一件好事。说明他看好这家公司的未来，对自己充满信心，打算比较稳定地干下去，所以要求股权以便未来更有安全感。要股权这件事本身没有任何问题，但是作为老板，也必须要思路清晰，把好事办好。

第一，股权不能白给，需要花钱买，这是通常的操作办法。先对公司股权做估值，然后确定给多少股权，算一下这些股权该多少钱买。内部买可以便宜点，但必须要出钱，不能白给。

第二，股权可以给，但必须锁定绩效，量化考核，约定详细规则。能力强不强不能靠说，而要靠业绩来证明。即便现在真的牛，但能保证一直牛下去吗？假如不牛了该如何？所以一定要与业绩绑定，责权利统一。"空降兵"是不是真牛，需要时间、实践、业绩验证。说很牛，实际上是水货，这样的情况是有的，所以对空降的牛人股权激励既要大胆，也要审慎为之。

业务团队：连环股权激励法

团队激励与个人激励有类似之处，也有不同。对业务团队激励，可以采用组合式多层次"五步连环激励法"。组合指多种性质股权激励组合，多层次指激励对象可在集团总公司持股、集团下属子公司持股、自己培养的徒弟公司持股等。形似拳击台上的组合拳，操作得法的话效果奇好。五步连环激励指通过在职注册股、增持股、集团股、股权重组等递进连环激励，促成公司跟业务团队形成利益共同体、事业共同体。

业务团队分两种，一种是全国各地乃至全世界各地的分公司、子公司，另一种是总部各个业务部门。管理是相通的，分公司也好，子公司也罢，激励模式跟总部的激励模式是一样的。比如，在一个子公司或分公司可以对全体核心高管做超额利润激励，也可以就他所在的分公司和子公司做在职分红激励。

假设需要激励的业务岗位包括销售部总经理、销售部总监、大区经理、销售经理、销售主管，可以针对整个业务部门先设定一个激励额度，比如说100万股，不同岗位该怎么分配额度，每个人应该拿多少股份，可以运用"海氏评估法"、135渐进式激励法来计算。

假如企业在全国有很多分公司、子公司，那么应该拿出多少利润来激励他们呢？如果你真的能发现很好的商业模式盈利模式，你可以把看得见的利润全部分给他们。

什么是看得见的利润呢？下面以案例来说明这个问题。

浙江绍兴有一个徐老板开火锅店，扩张得非常快，但是在发展到一定程度的时候遇到了瓶颈，既缺人，又缺钱。很多企业都想快速扩张，常常因为缺人才资金技术等因素而受到限制，难以扩大规模。徐老板决定把开火锅店赚到的所有利润全部返给店里的优秀员工和管理层，自己一分钱不拿。聪明的徐老板盘算得很清楚，他共有五家店，店面都是租而不是买的，每家店每年的房租100万，五家店每年房租500万，不管如何这500万房租是必须要交的。徐老板为什么租而不是买呢？因为他没钱买，赚来的钱也都用来开新店了。

实际上是有人为他买房的，只不过他没有找到。或者说，还没有人知道还有这种盈利模式。所以说徐总缺的并不是钱，而是有钱的投资者对他的信任。他可以找一个投资人假设是王总，把这些租用的房子全部买下来需要1000万，王总只需支付500万首付就行了。王总的收益回报没有风险，徐总每年以50万元的额度还款，10年就是500万元，相当于买房子的首付款已经回来了。王总拥有10年前就价值1000万的这些房子50%的产权，既可以继续对外租赁，又可以卖掉。如果卖掉，一次性至少能拿回500万。按照中国房价过去一直处于上涨的规律，卖掉后有可能拿到500万到700万。

这个项目既有稳定回报，又没有风险，王总一定愿意投资。徐总的收益和风险又是怎样的呢？徐总每年要支付的100万房租中，每年把100万当中的50万返给王总，属于自己的50万可以用于支付银行房贷。10年后，徐总拥有10年前价值1000万的这些房子的50%的产权。假如五家店卖出去，就可以赚500万。

徐总完全可以把经营火锅店获得的利润通过股权激励的模式返还给核心高管大厨等，激励他们。这种模式下，实际上徐总赚的是看不见的隐性利润，表面上看他开火锅店，实际上做的是商业地产。很多老板纠结给核心高管5%或8%的股份是不是高了？之所以计较，是因为他们没有找到好的盈利模式。很多老板开饭店还处于老大娘卖白菜的水平，老大娘在街东头一两毛钱一斤的价格把白菜买回来，然后拉到街西头以五毛钱一斤的价格卖出去，中间挣几毛钱差价。饭店老板无非就是把这个事情变得更复杂一些，不但买了白菜，买了猪肉，买了各种调料，还请了厨师做出各式各样的美食卖给食客，减去各项成本获得一点利润。这是饭店传统的商业模式。做股权激励，老板的胸怀就要宽广一些。老板获得的利润一定要是员工看不见的，如果老板与员工抢钱，就显得老板格局太低了。

世界顶级企业是怎么做的呢？他们别的来源的利润往往超过正业营业额。比如说，"麦当劳"为什么不自己搞一个"麦当劳可乐"而要卖"可口可乐"呢？原因是没必要，"可口可乐"是世界级的大品牌，"麦当劳"与"可口可乐"强强联合就可以了。"麦当劳"靠什么赚钱呢？品牌做大后在全球招商，成为"麦当劳"加盟商要交很多加盟费，而且是分等级的，大概是300万到800万不等，平均500万，麦当劳在全球有10000家店，加盟费就能获得500个亿。另外，"麦当劳"上市之后，在股票市场获利。"麦当劳"的第三个赢利点也是最大的盈利点是商业地产。"麦当劳"选址都是黄金地段，房子不会贬值。"麦当劳"获取店面有两种方式，一是直接派人跟业主谈判，谈判技巧非常高明，往往能让业主以市场价把房子卖给"麦当劳"。假如业主不同意卖房，"麦当劳"就约定一次性租赁几十年。许多年之后，加盟商可能为了经营自己的事业，把店面买下来，这样"麦当劳"又赚一笔。这个就是商业统筹思维，隐性利润的思维。

进行股权激励的时候，老板不要总纠结于给高管多少股份，而是要在盈利模式上多动脑筋，在如何获得更多隐性利润上多找灵感。

中西合璧：非业务团队股权激励

对业务人员进行股权激励，比较容易考核，因为有数据绩效作为指标。但是对于非业务人员进行考核就无法用销售业绩来衡量，只能是定性评估。

不同部门之间怎么比较呢？比如说，销售部经理与研发部经理的绩效如何比较？研发部可以与研发产品的数量或实现的利润挂钩，但是人力资源部经理和销售部经理的业绩怎么比较？这就是个难题。不同部门之间绩效的横向比较比较困难，难以用统一的标准来衡量。从管理学角度来讲，如果不能把绩效考核量化，就很难实施精准考核。

股权激励是对绩效好的员工的褒奖，怎样才算绩效好？衡量绩效需要考核，而考核必须要有考核标准。标准相当于尺子，拿尺子量一下才能知道长短。实际上有很多考核标准无法量化，不能定量化的考核指标一般做定性衡量，定性考评常常容易出现扯皮现象。

考核标准太过笼统，缺少量化标准很致命。西方管理学在这个问题上有很好的方法，那就是海氏评估工具，我们可以参考借鉴他们的思路，中西合璧，将东方管理智慧与西方管理科学进行组合，设计非业务团队的股权激励方案。

海氏评估法是美国薪酬专家艾德华在20世纪50年代研发的评估工具，最初并不是为股权激励设计的，而是为制订薪酬做工作评估。经过几十年的不断完善，今天的海式评估法已经成为50%以上世界五百强企业采用的评估模式，证明其是一种比较科学的评估工具。海氏评估法在10年前中国的民营企业里不太适用，因为很多企业一人多职、一人多岗非常普遍。现在慢慢走向专职专人专岗，有条件实施海氏评估法了。

海氏评估法分为三个系统。一个是知识水平技能技巧，一个是解决问题的能力，一个是承担的职务责任。知识水平技能技巧分三类：一是专业理论知识，二是管理技巧，三是人际关系技巧。解决问题的能力有两种思维，一是思维环境，二是思维难度。承担的职务责任分为行动的自由度、职务对后果形成的作用、职务责任。

中国式管理比较模糊笼统，西方管理习惯于分解再分解直到具体的数字。海氏评估非常科学严谨，把每一个岗位都用数字来呈现。管理没有绝对的错与对，只有适合与不适合。别人用得很好的方法，在你的企业就未必好。比如说，两家规模相同的公司，起步差不多，资产差不多，商业模式差不多，产品也差不多，但是导入股权激励的时候效果完全不一样，因为员工结构不同，人文背景不同，员工需求不一样，老板人格魅力也不一样。

中西方管理理念各有优势，择其善者而用之。我们要学习海氏评估法的思维模式，并充分结合自身实际加以有效运用。

第5章
设计元素：股权激励方案要点

    本章内容讲的是如何做股权设计，讲了十几个构成股权设计方案的关键要素。做股权设计的目的是什么，股权设计之前需要对公司目前的组织架构等做详细分析，条分缕析，为股权设计提供基本依据。需要制定公司的战略目标以及各部门的目标分解，分析和决定股权激励的必要性以及强度。做股权设计时间切入点，在最需要的时候进入，才能显现直接的效果，看到股权激励的作用。对股权的模式、性质、如何估值等等都作了详细论述，指导性很强，操作性很强，关心股权激励的人读了这些内容，对股权设计方案会有全面了解，对公司如何推行股权激励会心中有数。

目的：你为什么要做股权激励？

动机决定方向，自己的公司为什么要推行股权激励，公司老板一定要有正确的认识，认识正确了，心态也就对了。动机不纯正，目的就不正确，股权激励就不会有好效果，甚至适得其反。公司老板一定要明确做股权激励的目的，总不能说"我看着别人都做了，我不做心里着急"，这证明你不了解股权激励的意义。

归纳一下，做股权激励的目的无外乎三类情况。

第一类：为了激励员工，为了留住人才、吸引人才。如今已经进入合伙人时代了，以往那种传统的雇佣制逐渐不能适应时代要求了。雇佣制的弊端越来越凸显，只有股权激励才能使老板与员工结成利益共同体和事业共同体，才能激发强大的动力。股权激励是吸引人才留住人才的利器，引入股权激励是现阶段必须要做的事情。有的老板明显感觉到眼下这帮人明显跟不上市场的要求，缺乏创新能力，思维僵化，作风懒散，急需从外面引进新的合伙人、经理人、牛人。指望用高薪挖人已经越来越难，只要别人比你出的工资更高，奖金更优，福利更好，人家就不会来给你效劳，这是人性使然。对于那些牛人，只能用期权或者限制性股权去吸引，现在猎头挖人也都采用这种方式。

第二类：公司做上市准备，需要进行股份制改造。企业上市之前要做股份制改造，有限公司要变更为股份公司。公司上市后，让跟着老板打江山的高管团队都成为公司股东，享受到公司上市后的红利。准备上市的企业架构必须清晰，必须要做企业股权顶层设计，搭建多层股权架构以及控制权设计。不同层级的人对应的股权激励模式以及入股的平台是不同的，这些事都是上市前必须要梳理清楚的。否则，即便规模够了，但因为股权架构不合理最终也会导致上市失败。

第三类：为了企业传承，必须进行股权改造。现在很多优秀企业的老板都是上世纪 90 年代那波下海的人，到现在基本都是五六十岁了。辛苦大半辈子，积累了大量财富，到了该退休的年龄，想享享清福了，可企业还得继续做下去。但是，他们的子女有许多人不愿意接班做企业，这让他们很无奈。有一位做饲料生意的大老板的儿子在英国留学，学的是奢侈品管理专业不愿意接班干饲料这行。像他们这样的第一代老板面临着外人接班的问题，外人接班只能做股权设计。只有当人家有了公司的股权，才能真正把公司当成自家的公司去用心做。这时候，控制权等就需要设计，也会涉及公司的股权激励等问题。

上述三类情形中，最多的是第一类，即为了留住人才、吸引人才的目的。不论什么目的，做股权设计之前都必须弄清楚。方向对了就不怕路远，目的明确了就不担心跑偏。股权设计方案紧紧围绕目的去做，有的放矢才有可能百发百中。目的不明确，股权设计很有可能南辕北辙。

做股权设计难的并非出方案，而是出方案之前的摸底调研。做股权激励的第一步就是明确目的，不但要明确，而且还要统一思想认识。必须找公司所有的创始股东们谈，了解他们的所思所想。还要找公司中高层主管谈，一起研讨。要保证方向一致，目标一致，价值观一致，这个需要时间和耐心。前期的沟通成本越高，后期执行效率就会越高。

架构：梳理现状，作为设计方案的依据

股权激励方案制作的第一步是明晰做股权激励的目的。确定了股权激励的目的之后，接下来要做的就是梳理公司的基本概况。基于股权激励设计方案，对公司情况做总结，深入了解公司的方方面面。比如，发展战略，企业文化，公司组织架构，公司薪酬结构模式，公司注册资金，净资产，主营业务，员工人数及构成成分，过

去三五年的营业收入，利润情况，未来三五年营业收入目标及利润预测，现有股份结构，工商登记备案的股东，股东是自然人股东还是法人股东，公司的治理结构，股东会是不是正常开会，有没有股东会议事规则，是否有董事会，董事会有没有议事规则，有没有执行董事，有没有薪酬考核委员会，有没有审计委员会，有没有监事会，监事职责是不是清晰，公司高管薪酬是多少，中层的薪酬是多少，基层员工的薪酬是多少，工资与奖金的占比是多少，需要梳理的事很多。

利润分配方案是重点。假如公司利润100万你拿出多少进行分红，拿出多少用于发奖金，留存多少用于企业发展，这些比例怎么定，这个需要研讨，需要测算。员工入股，他们最关心什么？其实就是投资收益率，就是分红能分多少钱。分红金额太低太高都不好。如果分到的钱很少，肯定没有激励效果。如果年底分红比全年收入都高，属于激励过度。做股权设计，测算收益率是必须做的。正常来说，收益率在15~30个点之间比较合理，就是入股10000块钱年底能分1500~3000元之间比较合理。测算的依据是对标银行存款理财利率，要比他们高一些。利润分配方案确定了，奖金分配方案怎么定，高层中层基层奖金占比是多少，这个也要提前制定好。人不患寡而患不均，这个定不好，哪怕就差几百块钱几千块钱，他们都会问这个差是怎么来的，凭什么他比我多分几百块钱，这些必须制订规则，有了规则，严格按照规则执行就是了。

　　股权激励方案制作之前，梳理企业现状非常必要而且重要。企业要定期做总结，回顾过去，梳理现状，为未来做好准备。股权设计前期工作不能着急，要慢慢推进。从调研到方案落地，最快也需要两三个月，半年甚至一年以上都属于正常情况。有的企业操之过急，花几万元买一个方案，推行之后，不但没有见效果，反而把企业搞死了。

目标：设定公司目标和部门目标

　　股权激励以目标为导向，不是基于过去的贡献，而是基于创造未来。目标就是未来，设定具体的目标就是描绘清晰可见的未来。没有具体目标的未来是虚幻的未来，只有制定明确的奋斗目标，未来才会清晰展现在公司所有人面前。制定股权方案之前，要设定清晰的公司目标和各部门目标，最后才能细化为每个员工的小目标。只有设定目标，才能在推行股权激励的时候实施可操作的业绩考核。否则，股权激励无法落地。

　　假如设定5年后公司要实现10个亿的销售额，为了实现这个目标，产品研发部、市场营销部、财务部、客户服务部……该怎么制订部门规划？对于10个亿的公司大目标，部门价值如何体现？部门之间该如何比较价值？岗位价值如何评估？设计股权方案的时候，该如何依据未来价值而有所侧重？股权需要依据对于实现公司目标的预测价值进行分配，而不是依据过去的情况进行论功行赏——这也是激励与奖励的本质区别。以功劳业绩为导向，显示的仅是一种对过去的评价。以目标为导向授予股权，显示的是真正的激励。

制定公司目标，需要遵循五大原则。

第一个原则：目标要高于行业平均增长率。比如，某行业年平均增长率是31.42%，你的企业要想在这个行业立足和生存，那么企业年增长率目标就不能低于31.42%，低于31.42企业就会被淘汰。既要拿显微镜看当下，也要拿望远镜看未来。既要敢于仰望星空，又要脚踏实地。

第二个原则：目标要满足公司的战略需求。企业战略需求是做行业第一？还是做行业唯一？所谓第一，指在企业规模、员工数量、产品数量、专利数量、市场占有率等方面都独占鳌头。而唯一则是追求不对称发展，在行业某一领域或几个领域是独一无二的。需依据企业战略需求制定目标。

第三个原则：目标需审视公司的战略资源。哪些战略资源自己企业有而同行业其他企业没有？渠道独一无二？团队独步天下？知己知彼，百战不殆。核心竞争力打造市场优势，有市场优势才能立足于商海江湖。

第四个原则：最好是跳一跳够得着的目标。目标太高太低都不好，适中最好。目标太高，太激进，一旦实现不了，不但打击企业上下的士气，还会影响企业领导的决策公信力。目标太低，太保守，会白白浪费公司的宝贵资源，影响企业发展速度。

第五个原则：只有平衡，才不会顾此失彼。企业目标不能仅仅以金钱为导向，以人为本方为道。既要制定业绩目标，更要重视企业文化建设目标，企业文化才是发展的真正根基。

制订部门目标主要任务是细化和深化公司的目标，立足于公司目标，明确各部门的任务和责任，提出部门的具体行动方案及预案。

时间：选择什么时机做股权激励？

企业应该在什么时候进行股权激励？创业初期？发展期？成长期？成熟期？选择什么时机做股权激励，首先要深知股权激励的根本目的是什么。每个企业做股权激励的目的不一样，除了为上市做准备，绝大多数的企业是为了吸引和留住高精尖人才。不同行业、不同规模、不同地域、不同阶段的企业，对于高精尖人才的需求不同，所以确定股权激励的时机需要依据企业的具体情况来决定，没有定规。

实际上，不同业务性质、不同规模、同一企业处于不同的发展阶段，实施股权激励的目的不相同，效果也会截然不同。任何企业都有发展周期，从发展初期到成长期再到发展的顶峰期，之后逐渐进入衰退期，这个周期有长有短，可能是 10 年，也可能是 20 年或更长时间。股权激励需要顺应企业不同发展阶段的特点去筹划运作，目的就是为了更有利于发挥股权激励的效果，为企业发展提供最佳动力。

一般认为，股权激励应该在企业成长期开始实施。原因很简单，处于成长阶段的企业规模不是很大，有发展潜力，可以看到企业发展的希望，股权激励很容易产生巨大爆发力。企业经历了艰难的创业初期，运营模式基本确定，发展前景明朗化，员工对企业的未来充满信心。由于看好企业的未来，所以员工都想搭上顺风车，实现个人的职业梦想。这时候天时地利人和，推出股权激励将受到员工的高度期待，入股激情高。激励效果好。成长期的企业资金并不宽裕，实施股权激励有利于企业现金流，一举多得。

企业发展初期企业力量还很弱小，虽然急需人才加入，但由于企业刚刚起步，看不到企业价值之所在，要想吸引外来人才谈何容易。创业初期股权设计的重点对象是做好创业合伙人的股权分配，对创业核心成员做股权激励，鼓舞创业激情。从另一个角度看，这个时期的企业缺乏资金，要想以高薪酬吸引人才对于绝大多数企业而言不太现实，能吸引人才的也只有企业股权。虽然低薪酬，但能拿到高分红。同时，这时候做股权激励代价很高，因为必须拿出更多股份才有足够吸引力，这对于企业来说代价很高。

企业经过发展期，逐渐进入成熟期。企业内部人员经历几番大浪淘沙，走的走了，留下来的大都是适应企业特点、认同企业价值观、决定跟着企业一起干的员工。企业对于忠心耿耿的精英们要给予一定的股权激励，将利益更紧密得捆绑在一起。企业发展的顶峰期因为规模已经非常大，经营模式基本定型，发展稳定，逐渐形成比较强大的惯性，也就是成规。这时候相比企业成长期，实施股权激励的效果没有那么明显了，但考虑到企业更大的发展目标如筹备上市等，必须调整股权架构，充分发挥激励作用。

上面的观点是通常的认识，这种观点仅作参考即可。我们认为企业在任何时候都可以做股权激励，而且认为企业越小越有必要做股权激励。道理很简单，正因为企业小，才需要建立一个良好的分配机制。没有梧桐树就引不来金凤凰。具体在什么时间导入股权激励，需要制定一套完整的方案，确定什么时间开始，什么时候截止，什么时候进行评估，什么时候进行分红，什么时候进行注册等。

模式：选择合理的股权激励办法

股权激励三大模式：干股、实股和期权。干股并非真正意义上的股权，也没有法律上的概念。干股就是假设有这些股权，只有分红权，有点像变相的发奖金。不同的是奖金对标的是业绩，干股对标的是公司利润。实股是工商登记注册的股权，是实实在在的股权，跟干股相对应，有人也叫湿股。在工商网站能查到名字的股权叫实股，也就是法律意义上的真实股份。什么是期权？期权可以理解为是一种权利，约定在一定期限内完成约定的考核条件，以约定价格购买约定股份的权利，这个就叫期权。

股权激励中，期权是用得最多的一种形式。期权要求员工出资购买，绑定业绩考核，不会出现员工入股后积极性下降的"大锅饭"现象。选择哪种模式做股权激励需要根据企业实际情况来定，做股权激励之前必须要做好前期调研。跟老板谈，跟激励对象谈，充分了解情况。企业情况都不一样，股权激励方案没有完全一模一样的，别硬套模板，一套一个死。成熟企业的期权锁定期可以设定长一些，比如五到八年，这个期限员工可以接受。但是一些初创公司，尤其北上广一线城市，要是也这么定，员工肯定不能接受，他们肯定不愿意把自己锁定 5~8 年。一般情况下，初创企业锁定期定三年差不多。利润增长不明显的时候，用干股激励即可。作为短期激励手段，还是有效果的。干股分的是增量，利润增量正是目前所需要的。股权模式是为结果服务的，也是围绕目的来制订的。

股权激励模式常常会两种甚至三种组合起来运用，比如干股加期权、干股转实股等。员工确实有能力，但确实没钱，你又很想留住他，非常想让他入股，怎么办？干股转期权就可以，让他用干股分红的钱来买公司股权，这就解决他行权资金压力的问题。他能拿到干股分红，前提是能够给公司创造利润增量。

用什么模式好，只有深入调查研究之后才能得出答案。调研之后，得到初步结论，这个初步结论还得反复论证。设计制定股权激励方案需要几个月乃至半年、一年，这很正常，因为有好多事情要做。股权激励制定过程很长，最终看到的就是那几张纸，但是那几张纸的背后需要付出很多的时间和精力成本。

估值：选择更能让人信服的算法

先确定股权激励模式，接下来就准备入股了。入股的时候，面临的问题就是公司值多少钱，入股的话能入多少？比如说，我有10万，公司值100万的话，那我投进去占10个点股权，要是公司值一个亿，那10万投进去只有0.1个点。占的少，积极性就小。

确认公司到底值多少钱就是我们讲的估值。学术上估值的方法很多，如净资产核算、市盈率估值法、市销率估值法、现金流贴现、同行业比对等。估值得有依据，当然越科学越有信服力。事实上，估值就是"估"，想精准很难，也没有实际意义。比如说，去商场买衣服，标价是1000元。买家心里会拿这个衣服跟其他商家同类衣服做对比。买家能接受的价格是700元，标价1000元显然高于心理预期。接下来就开始谈价，买家的基本理论就是拦腰砍一半，问500元卖不卖？老板说你这有点狠了，最低900元。买家说人家谁谁谁家的跟这个一样才卖600元，我最多给你600元。老板说，给你个成本价800元。结果几轮下来最终同意700元卖了。买家也能接受700元这个价，成交了。700元就是买卖双方都能接受的一个估值价格。企业资产估值也是类似的道理，当然不能太没谱，得靠谱才行。人家标价1000元，你一上来就问100元卖不卖？这么没谱没准会挨揍。必须要在合理区间里面估值，不能差太远。企业资产估值也是类似的道理。

即使是那些特别牛的投资公司，他们入股企业说是运用什么高深的测算、审计、计算等等，其实他们给创业公司投资靠的就是预测，没法精准计算。不管怎样预测，说法上还是要有一些依据才好，这样才能取信于人。还是要通过一些科学算法来计算合理的估值。前面说的那几种估值方式，都可以拿来算一下，算完之后做个比较，最终得出一个结论。这样出来的估值更能让人信服。

重资产公司一般用净资产估值，轻资产公司一般用市盈率估值。非上市公司一般用市盈率估值，大概是上一年利润的五到十倍，一般是五倍。重资产公司能不能用市盈率估值？也是可以的。能用市盈率，建议尽量用市盈率估值，因为市盈率直接与利润挂钩。股东更关注利润，净资产包括厂房设备土地等固定资产，这些都算进去，跟股东贡献有关系吗？公司利润越高，公司就越值钱，股权也就越值钱，增值空间也就越大。

除了市盈率净资产，还有很多估值方式。例如市销率，就是按销售额的倍数，比如京东就是这么估值的。前提是入股员工得信才行，有的企业营业额很高，但利润很低。估值很高，但利润并不高，分红也就很少，员工的入股收益率就很低，员工入股的积极性就会受到打击。如何估值还是要看企业的实际情况，最后决定哪种方式更好。股权激励有一个原则，按照哪种方式进入，将来要退出的时候，也是按照同样的方式退出。不能说按市盈率估值进来，按净资产估值退出。

对象：对哪些人进行股权激励？

估值之后，就要确定激励对象。有的老板认为，股权给的人越多越好，甚至有的认为全员持股最好，认为都拿到股权更显平等，免得员工因为没有拿到股权而抱怨。这种观点显然是不对的，失去了股权激励的意义。平等不等于平均，平均主义是最大的不公平。

刚开始推行股权激励，千万别尝试全员持股。全员持股是股权激励最忌讳的事。股权一定要塑造它的稀缺性，人人都给了股权，那跟发奖金发福利有什么区别？业绩100万的与业绩10万的都拿到股权，业绩好的会怎么想？即便设计有多有少，但给人的感觉是一样的，也就是不论什么样的都能拿到股权。

全员持股的结果是使股权激励丧失了应有的激励作用，是失败的设计。股权一定要给予企业核心层，给予企业里面最重要的人，就是创造了80%业绩的那20%的人，一定要这样做。基层员工不能给股权，基础性岗位的人不能给股权。股权激励不是搞一次就完了，就能延续十年二十年，而是要分期搞。第一期股权激励对象一定要主要针对中高层及核心技术骨干，兼顾十分重要的岗位负责人。

股权激励释放的原则是小步快跑，循序渐进。千万别想着一口吃个大胖子，心急吃不了热豆腐，股权激励不可能一步到位。第一期之后还有第二期第三期，要一直往下做。每年都需要根据实际情况进行调整。股权激励一定要设计一套动态的调整机制，不能设计出来一挂就挂十年。

股权激励对象一是核心层，二是管理层，三是关键岗位的负责人。比方说，科技公司属于技术导向型，一定要让技术牛人入股，得留住他们。靠人吃饭的一些人力密集型企业，如律师事务所、会计事务所、教培行业等，优秀骨干也要纳入股权激励对象中。对公司很重要的人，公司离不开的人，或者说不能轻易离开的人，要作为股权激励对象。

数量：股权激励额度如何设定？

确认激励数量主要就是确认激励总量。就是计划从公司现有股权里面拿出多少比例来用于股权激励，或者说计划增资多少用于股权激励。10个点？15个点？20个点？如果开始没有清晰概念的话，可以先"随便"假定一个数。依据这个数去测算分量，通过分量测算的结果，再倒推总量是否设置合理。

一般而言，中小企业做股权激励，释放区间是10~30个点。先假定一个总量，接下来去测算分量，如何测算呢？参考每个人的岗位职级、工龄、贡献等，多维度来综合评定各自的系数占比，最终测算出股权占比。测算出来以后，每个人需要的出资额、各自认购公司的股权比例就都出来了。这个数出来之后，怎么测算是不是合理呢？先看出资额是不是他们能接受的，或者说，在不在他的经济支付能力范围之内。比如说他一年收入20万，测算结果他的出资额是50万。假如他积蓄不多，有房贷车贷压力，那大概率他会放弃认购股权。但是他非常优秀，你又特别希望他入股，怎么办？这时候有多种选择，股权可以折价，这是通行的做法，毕竟是自己人，于情于理都应该折价，如说打个八折，八折以后50万的出资额就成40万了。假如40万还是太高了，怎么办？可以考虑把行权期拉长，比如设置四年行权期，每年行权1/4，相当于每年只需交10万元钱，压力一下子小了很多。入股资金难的问题就解决了。假如10万元钱还是拿不出来，怎么办？其实也有很多办法，比如从他未来的工资奖金里面抵扣，每个月工资的一半用于入股资金。所以，为什么说股权需要定制方案，因为不是一个合同模板能解决的事。一个行权资金方案，选择就有这么多。所以，需要调研了解后才能设计出比较合理有效的匹配方案。

出资额测算确定后，接着测算收益率，指的就是分红的收益率，这也是大家入股以后最为关心的一件事儿。投 10 万块钱，年底能有多少分红？如果说年底就给 1000 块钱，才 1 个点的收益率，那还不如放银行呢，银行存款利率也比这个高，而且还没有风险。正常的收益率区间在 15~30 个点之间，比较合理。股市投资，收益率在 15 以上就很厉害了，股市投资风险也很大。买自己公司的股权虽然也有风险，但相对于股市来说要小一些。收益率不能太高，假如一半年就能回本，属于激励过度。能做延期支付的尽可能做延期支付。

未来股份增值部分的收益率，也要算一下。八毛钱买的股份过了锁定期，十年八年以后，卖股权的时候能值多少钱？假如八毛涨到了八块，每股相当于增值七块二。

通过分量测算，再倒推前面那个总量是不是合理。如果通过分量测算之后，觉得这个测算少了，总量再多分一些。如果感觉多了，大家买不起，分期之后还买不起，那么第一期的总量就可以适当再少一些。

设定激励额度可以遵循两个原则：一是能够确保激励对象的积极性，二是确保公司治理的安全性。上市公司规定，激励额度不得超过总股本的 10%，这是公司法所规定的。激励对象所得总额不能超过公司总股本的1%，即公司上市以后第一次进行股权激励，释放的额度不能超过公司总股本的1%。

西方创业公司外聘CEO一般持有公司5%~8%的股份，外聘副总经理持有0.8%~1.3%，一线管理人员持有0.25%，普通员工持有0.1%左右，外聘董事占股比例是0.25%左右。刚才讲到的所有这些股份加一块，一般占公司总额的15%~20%。

授予被激励者的股权数量如何确定？

一是公司要设定薪酬战略。要了解同行薪酬水平，与同行相比是偏高？偏低？还是差不多一样？其次，根据激励对象的岗位价值来评估他未来能够为公司创造的价值，据此来推算在这个岗位的员工应该拿多少股权。

二是参照行业水平，结合个人需求。比如说，同行CEO年薪100万，本企业CEO个人需求是150万，可采取90万现金加60万股权的方式。

三是预测下一年可分配利润与现值之间的差异，转换成一个比例。举例来说，假如企业CEO的期望年薪是120万，而这120万的其中一部分是用在职分红来转换。比如说企业明年预计能够拿出1000万来分红，他分20万，在1000万中占2%的比例。那么，就是100万的年薪外加2%的在职分红。20万在职分红能不能拿到？取决于明年他能否使企业保持正常发展，如果没有完成计划目标，则拿不到 2% 的在职分红。

不论数量如何确定，都要遵循一下原则。

一是确保股权的稀缺性。二是具有行业的竞争性。三是被授予者的激励性。四是保证群体的公平性。五是投资回报的经济性。六是确保企业的安全性。七是操作程序的合法性。

方式：设计最适合的行权激励方式

如何设计股票行权方式？

以期权为例，需要设定等待期、行权期、锁定期、解锁期这四个阶段。比方说，在行权期设计上需要考虑许多因素，员工的出资能力、员工分红收益率、员工分红与整体收入之间的差异程度等，这些因素需要综合考量。设计成一次性行权，还是分两年、三年、四年行权？比如，设计成两年行权的话，第一年行权 50%，第二年行权 50%？还是第一年 70%，第二年 30%？假如设计成三年行权的话，第一年行权 40%，第二年、第三年行权 30%？还是第一年行权 50%，第二年行权 30%，第三年行权 20%？行权方式有很多，不能说哪种方式最好，适合企业实际的方式才是最好的方式。确定行权方式没有固定的模式和标准，需要综合各种要素进行测算。

如何设计股权激励方式？

股权激励有很多方式，各有特点，有得有失，优缺点共存。比如说，现股激励的优点在于其股份收益有竞争力，有利于调动积极性，缺点是可能造成短期收益行为。期权有长期激励效果，可以降低委托代理成本，提升公司业绩，提高投资者信心，缺点是管理者可能会为自身利益而使用不法手段抬高股价，管理者收入与员工收入差距拉大。虚拟股和在职分红的优点是无需工商登记，通过合同来约定激励对象的权益，操作简单。缺点是只有分红权，没有表决权。适用于上市公司或非上市公司中层干部和技术骨干。员工持股的优点是能够增强企业凝聚力和竞争力，调动员工积极性，抵御公司被敌意收购。缺点是福利性较强，与业绩挂钩性弱，会降低员工积极性，操作上缺乏法律基础和政策指导。虚拟股不会影响公司总资本和所有权结构，不必向证监会报备，只需大股东大会通过就行。缺点是现金压力大，价格确定难度大。适用于现金流比较充裕的公司。

价格：确定公司股权的行权价格

做完估值，确定好股权数，接下来就要确定公司股权的行权价格。

通常采取三种定价的方式。

一是现值值等利法。假设公司净资产为 1000 万，公司 100% 的股权价值就等于 1000 万，去工商局给激励对象注册 5% 股份，价值就是 50 万。简单来讲，就是说激励对象要花 50 万才能买到公司 5% 的股份。

二是现值有利法。这是对激励对象有利的法则，按照现值等利法原则，需要花 50 万才能买到 5%，但是按照现值有利法原则，只需花 25 万就可以买到。公司等于是按照 50% 的价格让你购买股权，这种方法对职业经理人比较有利。

三是现值不利法。如果说现值有利法是对激励对象有利，那么现值不利法就对激励对象不利了。假设现在公司 5% 的股权价值是 50 万，那么，如果要是有风投愿意用一个亿的价值给公司评估，那么风投如果要占公司 5% 的股份，就要花 500 万来购买。所以，这个时候激励对象花 50 万不可能买到 5% 的股份。

自己员工买自己企业的股份，都会打折，应该打折。毕竟在股权激励的时候，要拿许多约定来捆绑员工，员工既出钱又出力还受各种要求束缚，打个折员工心理更平衡。股权为什么要让员工花钱购买呢？这是由股权的属性所决定的。虚股不需要花钱购买，比如说在职分红股权，人在公司的时候就有，人不在公司的时候公司自动收回。实股注册股必须要求花钱购买，不花钱与花钱心理差别很大，愿意交钱才愿意交心。

企业售卖股权是否有非法集资的嫌疑呢？根据国家颁发的关于取缔非法金融机构的有关通知，非法集资指的是单位或者个人没有依照法定程序，没有经过有关部门批准，以发行股票、债券、彩票、投资基金、证券等或其他债权凭证的方式向社会公众筹集资金，并承诺在一定期限以货币、实物或其他利益等方式向出资人还本付息给予回报的行为。对于没有上市的公司而言，没有公开对社会大众发行股票，只是对特定激励对象发售，没有给激励对象一定期限之内还本付息的承诺，而是要共同承担风险。显然，出资购买企业股权并不是非法集资，而是企业的一种正常经营行为。

条件：授予条件和行权条件

行权条件也叫获授条件，就是达到什么标准，才有购买股权的行权资格。行权条件需要企业根据自己的情况制定具体的要求，最好是定量化和定性化的指标，这样便于实操，模棱两可容易导致执行的难度。行权条件根据自己企业的具体情况拟订。比如说，要求入职三年以上，职级要求中层以上，绩效要求完成率80以上。根据实情建立核心人才评估模型，比如说，从人员的岗位价值、素质水平和对公司的历史贡献等角度来进行评价。如下图，可以分项权重，实施量化评定，更有说服力。

维度	序号	因素名称	因素权重
岗位价值 50%	1	战略影响	10%
	2	管理责任	10%
	3	工作复杂性	10%
	4	工作创造性	10%
素质能力 30%	5	专业知识能力	15%
	6	领导管理能力	15%
	7	沟通管理能力	15%
历史贡献 20%	8	销售业绩贡献	7%
	9	技术进步贡献	7%
	10	管理改进贡献	6%

入职年限能证明对企业的忠诚度。入职三年以上，说明看好这家公司，能接受企业价值观，不然的话到不了三年就离职了。股权激励要考虑不能让老员工心寒，注重历史贡献。肯定老员工的历史贡献也是对新员工的激励，让新员工看到只要为公司发展做出贡献，就会分享到公司发展带来的收益。

职级条件建议管理层以上，尤其刚开始做股权激励就是针对企业核心层。随着不断调整和推进，可以逐渐释放到基层员工。循序渐进，要把握好度。一开始就做到基层员工，大家都有股权，就没人珍惜了。股权激励的对象应是在公司具有战略价值的核心人才，核心人才是指拥有关键技术或拥有关键资源或支撑企业核心能力或者掌握核心业务的人员。核心人员指拥有关键技术、控制关键资源、掌握核心业务和支持企业核心能力。高管层主要是指公司核心经营管理团队，包括董事长、总经理等，未来可能设置的高管如董秘、副总等。技术层主要指工作内容与技术研发相关的员工，比如研发总监、高级工程师、技术负责人等。营销层指工作内容与营销相关的员工，比如市场总监、核心项目管理人员等。

工龄和职级都满足条件，但业绩一般甚至不合格，原则上只发奖金不给股权。因为给业绩一般的人给了股权，那么对于业绩优秀的员工是一种伤害。只有激励对象在公司的业绩考核为合格，才能行权。股权激励业绩考核指标不需要另行制订，根据公司的业绩考核办法进行即可。在公司层面，业绩考核主要体现为总量指标和财务指标，如公司净利润增长率、净资产收益率等，公司必须达到的标准。在激励对象个人层面，如激励对象行权前一年度绩效考核为良好及以上，本年度净利润同比增长多少，行权的前一年扣除非经常性损益后的加权平均净资产收益率不低多少等。

另外，关键岗位建议采取"一刀切"的办法。只要符合条件，不管看不看好这个人，都要给予股权激励，要对岗不对人。岗位价值是股权激励评估的重要因素。员工的价值要通过其岗位来体现，股权激励需要对岗位价值作出评估，进而评价岗位员工的价值。员工的能力素质代表未来能为公司做出贡献的可能性，是对未来发展潜力的预期。

来源：股权设计的两个来源问题

股权激励要确定两个来源：一是股权来源，二是资金来源。

股权来源有两种操作方式，一是股权转让，二是增资扩股。股权转让通常就是大股东股份直接转让，或者说，所有股东股份同比例稀释进行转让。这样的话，注册资本不变。增资扩股通常就是增加注册资本，然后所有股东的股权比例同比例稀释。

关于入股资金去向问题，增资扩股资金直接到公司账户，不会到大股东自己腰包里。股权转让的方式使激励对象的入股资金最终到了大股东那里，大股东拥有了这笔股权转让收益，也就是平时说的套现。实务操作中，很多情况下大股东也不会自己要这个钱，最终这个钱会用于公司运营和发展。做股权激励的初衷是为了企业发展，大股东不能冲着套现的目的去。即便想套现，应该是找外部投资人，那样最直接，而且能够拿到更大溢价。让激励对象出钱只是为了把他们的心思留在公司，不是为了要赚他们的钱。如果一开始方向跑偏，那股权激励的效果可想而知。假如真要这么干，那就等于告诉股权激励对象股权达到心理价位就选择马上退出得利，与公司发展何益？

通常尽量采用增资扩股方式，尤其是有限公司制度现在越来越成熟。实践中，许多企业采用做减法的方式，就是把原有100%的股权逐步释放出去。等于把原有股权当做一个固定存量，不断释放。结果自然就是原有存量越来越少，总有一天会变为零。所以说，这种方式并不科学。做加法也叫做虚拟转换法，或无中生有法。就是将原来的股权虚拟成100股，给激励对象股权时候，就在原有100股的基础之上增加股权数。这种做法的好处很多，能解决激励对象获得股权之后不思进取等问题。

股权转让会涉及股权增值收益部分要交20%的个税问题，增资扩股没有税务问题。平价转不行吗？虽然股价增值了，但在协议上就写平价，这样操作不行吗？毋庸讳言，实务中有很多也是这么操作的，但是这样操作毕竟不规范，不要做违反国家法律规定的事情。因此受到法律惩罚，得不偿失。做股权激励的目的在于激励而不在于套现，综合衡量，还是建议增资扩股的方式去操作，这样更好一些。这只是针对大多数情况，具体采取股权转让还是增资扩股，还要看企业的具体情况。

上面讲的是股权来源，还有一个关键问题就是资金来源。就是激励对象的资金来源是自筹？还是用奖金？还是用干股得益？还是从未来的工资里面扣？假如员工就是没钱，确实也没钱，是真的拿不出来钱，那么能不能让他从未来的工资里面扣？一定要遵循自愿原则。最好的办法就是自筹，最忌讳思路是公司借钱给员工，让员工入股，这是最傻操作，甚至可以说成是典型的瞎搞。公司借钱给他，让他拿公司的钱再来买公司股票，他是什么感觉？他觉得还是公司送给他的，也就不会珍惜。甚至觉得你这个人很套路，还借给我钱，让我买你的股权。觉得你是在忽悠他，觉得这有可能是一个陷阱。所以千万别干这么傻的事。或许你觉得你这样做是善良，是人性化，事实上并不是这样的。

最好的方式就是让他自筹，自己真的没有钱，就让他找亲戚朋友借。某家公司做股权激励，有一位员工入股的时候把家里的房子卖了，入了公司股。房子卖了 200 万，都投进去买了公司股权。一年以后，公司因上市成功，市值翻了七倍多，投资 200 万的公司股权价值 1500 万，当年分红 100 万。把自己唯一的房子都抵押上了，工作中能不拼命吗？他不是给企业拼命，而是在给自己拼命。为什么建议让员工自己想办法筹钱买股，这个实例就是道理。

经营企业就是经营人，经营人就是经营人心，经营人心就要让他付出成本。付出成本，才有风险意识，心才能在公司。并不是说收益在哪，人心就在哪，而是风险在哪，人心才在哪。利益统一不了人心，只有风险才能统一人心。股权激励怎么让他有风险，就是让他花钱买公司股权。筹钱过程越艰辛，对公司就会越上心，就是这个道理。

持股：间接持股及持股平台

让员工持股的时候，持股方式应该怎么选择？按照持股模式，可以分为两类：直接持股和间接持股。直接持股顾名思义就是让激励对象直接持有公司股份。很多老板做股权激励最担心的事就是，一想到员工成为公司股东，我便有一点事都要他来签字才行，这样太麻烦了，而且也有风险，比如修改公司章程等。最后很多老板选择用干股的模式来做，分红分钱可以，但是注册实股则不可以。

既不想让员工直接持有公司股份，又想让大家心里踏实，怎么办？

可以先建立一个持股平台，然后让被激励对象进入到这个持股平台，通过持股平台持有公司的股份。这就相当于被激励对象间接持有公司股份。公司分红正常进行，没啥影响。这样的持股平台一般注册成什么形式呢？实务中，有用有限公司的，更多的用有限合伙企业。有限合伙企业其实是一个天然的用于股权激励的持股平台。2007年最新合伙企业法修订以后，有限合伙企业横空出世，真的太适合做股权激励的持股平台了。第一，可以工商注册，不是虚股；第二，老板的控制权不会受影响；第三，可以正常分红。解决了许多人不敢分股权的担忧。

间接持股的好处：一是避免因目标公司股东增减导致工商登记频繁变动，避免股东众多到这公司决策效能低下。二是股东所得的股份权利及因个人经济原因造成的各种纠纷不会影响别人的股权。三是母公司实际控制人能以少量出资控制有限合伙企业。

间接持股的弊端：有可能出现同一个人成为多家公司股东或股东合伙人，易导致对该人的判断，比如认为这个人持股的各个公司具有一定关联，有可能成为对于个人或者对于相关企业负面因素。假如股东或股东合伙人被列入工商、税务、法院、银行等黑名单，就有可能引起连锁反应，波及各个企业。

考核：股权没考核，肯定没效果

没有考核的股权激励相当于是股权奖励，很容易做成"大锅饭"。股权没考核，肯定没效果。有的老板或许会琢磨一个问题，员工已经花钱买公司股权，心已经与公司捆绑在一起了，为什么还要考核呢？花钱不就等于投资了吗？授予不花钱的干股，考核可以理解，人家都花钱了，为啥还要考核？

答案是必须要进行考核，必须建立健全考核机制。员工买股权是折价买的，员工入股成为股东以后不是来当大爷的，是为了创造增量。许多老板做股权激励时出于善心，愿意跟员工共享收益。

股权激励考核机制一般有两种：一是假如公司有完善的绩效考核，可以直接参考公司目前的考核制度，根据绩效完成率的情况进行考核。二是基于股权激励的目的，单独制订不同于公司现在的关于股权激励事项的考核机制。制定动态的考核机制，比如等待期、行权期、锁定期、解锁期不同时期对应不同的考核机制。一般情况下，到了解锁期以后，就不再需要有考核了。因为过了解锁期，员工的股东身份跟原始股东基本上是一样的，他已经清楚公司是他的了，他已经有这个概念了。

考核机制其实就是关于分红的一个约束约定。比如，绩效考核完成率高于70%，可以享有当年的全部分红。如果低于70%的话，50%的部分可以按照绩效完成率的情况来分红，另外的50%正常发放。比如说，10万分红，其中5万正常发——这部分相当于投资收益，你投钱入股了，得对得起你这份信任，可以给你这部分投资收益。但是毕竟业绩没有做好，怎么办呢？剩下的5万我就不能给你了，比如完成率60%，这部分只能给你3万，你总共到手8万。狠一点的话，投资收益内5万也不给。

股权已经授予了，但他万一不好好干活，业绩很差，能不能再把股权收回来？回答是肯定的。这个其实就是关于回购考核条件的制订。比如，可以约定连续两年绩效完成率低于60%，连续两年不合格，这时候公司有权收回股权或原出让股东有权要求股权回购。

制订考核方法没有定规，千变万化，结合公司实际情况设定就可以了，边实践边完善。

退出：退出条款越细致越好

股权激励设计中，退出机制是比较关键的一环，也是最容易被忽视的环节。合伙创业刚开始的时候，很少有人去想散伙的问题，谁也不愿意往那方面去想。一开始，大家都是冲着地久天长去的，但是谁也不能保证不出问题。未雨绸缪，刚开始就要制定好退出机制，这对于股权激励而言非常重要。好处是万一真的到了退出的那一天，就有规则可循，有机制可依。合伙人能做到好聚好散，这是最大的意义所在。

制订退出机制首先分析退出的具体原因，比如退休、辞职、辞退、调岗、离婚、失踪、死亡等，尽可能想到各种情况。其次，要分析退出时间的差异性。等待期、行权期、锁定期、解锁期退出，不同时期退出，退出价格也是不同的。行权期内辞职，按照原价回购；锁定期内按原价和现价的最低值回购；解锁期按现价回购。这背后有很强的逻辑关系。比方说，行权期就是花钱买股份的时间段，是刚开始实施股权激励的时候，公司估值变化不大，这个时候原价回购即可。锁定期就是要把你锁在公司的时期，不想让你走，不能让你走。合伙不能嘴上说了就可以，而要落实到行动上。既然已经入了股，就踏踏实实待着，不能心里老是惦记着走。要是非要走的话，只能按原价和现价中的低值计算。你走可以，但不能让公司吃亏，增值部分的收益不能给你。真想走，最好等到解锁期之后。到了解锁期，你可以按照现价转让股份。假如现价比原价还低，那也不能按原价回购。不过公司一般正常发展到解锁期的话，通常都是增值的。起码得跑赢GDP，不然公司存在的价值不是很大。即便在解锁期退出，也不能一次性操作，最好做分期，比如说分三年四年等。不能自己拍屁股走了，带走一笔钱，对公司现金流造成影响。所以关于解锁期，可以设计分期解锁的规定。

上述是以辞职为例，现实中还有很多情况。比如说离婚，从婚姻法角度讲，公司股权的一半属于原来的配偶，需要做分割。分割后，让原先的配偶进入到公司股东会？那以后股东会开会的时候，俩人天天见面吵架，股东会怎么开？对离婚这种情况，要做特别约定。比如说约定一条，离婚可以分割财产，但是不能拥有股东资格。还有其他一些情形，比方说股东失踪、死亡等，其继承人应该怎么去分配股权。跟离婚一样的道理，都要在退出机制里面约定清楚。约定越细越好，把能想到的情形都写进去。

权利：设计好被激励者享有的权利

持股者拥有什么权利？虚拟股只有分红权，没有其他权利。注册股通常有很多权利，包括分红权、决策权、转让权、继承权。比如说，普通股持股人按通常规定拥有公司决策参与权。普通股股东有权参与股东大会，并有建议权、表决权和选举权，也可以委托他人代表其行使其股东权利。拥有利润分配权。普通股股东有权从公司利润分配中得到股息。普通股的股息是不固定的，由公司赢利状况及其分配政策决定。普通股股东必须在优先股股东取得固定股息之后才有权享受股息分配权。拥有优先认股权。如果公司需要扩张而增发普通股股票时，现有普通股股东有权按其持股比例，以低于市价的某一特定价格优先购买一定数量的新发行股票。从而保持其对企业所有权的原有比例。拥有剩余资产分配权。当公司破产或清算时，若公司的资产在偿还欠债后还有剩余，其剩余部分按先优先股股东、后普通股股东的顺序进行分配。站在公司的角度，推行股权激励之后，需要明确规定给予激励对象哪些具体的权利，要做明确约定并形成合同。这是非常重要的一个环节，权力没有搞清楚，整个股权激励方案就有可能会乱套，事与愿违甚至南辕北辙。

　　某创业公司，刚满两年对公司总经理、财务总监、营销总监进行了股权激励。按照规定，如果当年公司能够完成年度目标，各部门完成部门目标，公司会拿出总股本5%的股权对他们进行激励。结果在大家共同努力下，公司和部门不但顺利完成了目标任务，甚至某些指标还超额完成。公司非常爽快地兑现了承诺，对他们三人分配了股份。总经理2%，财务总监和营销总监获得1.5%。这个股份属于注册股，三人成为了公司注册股东。但是意想不到的是在获得股份之后，营销总监就经常以股东的身份要求财务部门提供公司财务报表给他看，经常以股东身份影响和干扰公司决策。当初在进行股权激励的时候，公司并没有明确激励对象获得股份后的权利。如果当初公司在授予股份的时候就明确规定，激励对象在获得股权之后第一年只拥有分红权而没有其他权利，第二年起根据实际情况给予其他权利，如表决权、转让权等，这种情况就可以避免。所以说，股权方案一定要设计好被激励者的权利。

协议：签订必要的法律文书

　　企业导入股权激励的时候，是否需要与激励对象签署股权激励协议书？签与不签取决于企业的价值观。假如企业像水泊梁山一样义字当头，那么就不需要签订协议书，口头约定就行了。但是假设企业想选择法治化、规范化的治理模式，那么就必须签订协议书。激励的同时，需作必要约束。股权激励对象与公司签订的协议包括：劳动合同、在职分红协议、竞业禁止协议、保密协议等。

股权激励是股东、员工双方达成的一种契约，明确了各种权利义务关系，所以从法律层面来讲，股权激励是股东与员工之间的合同约定，必须遵守《合同法》——尽管这种契约的表现形式并非一定是以合同文本的形式体现。股权激励的具体实施需按照双方约定的权利义务执行，任何一方违反约定，均要承担相应的违约责任。

非上市公司股权激励计划法律文件清单：

一、公司股权激励方案文本：

股权激励计划方案。

二、公司股权激励管理制度文本：

1.股权激励管理制度。

2.股权激励制度绩效考核建议书。

三、公司股权激励具体实施文本：

1.《股权激励授予协议书》。

2.《激励对象承诺书》。

3.《激励对象绩效考核责任书》。

4.《激励对象绩效考核结果报告书》。

5.《激励对象行权申请书》。

6.《激励对象行权批准书》。

7.《股权激励行权协议书》。

四、股权激励相关公司决议文本：

1. 股东会关于股权激励决议文件。

2. 股权激励董事会决议文件。

五、配套文件：

1. 公司章程修改的文件。

2. 劳动合同变更或补充协议、服务期协议。

3. 竞业限制协议书。

第6章
底线思维：股权体系"保险器"

有智慧的人凡事都会底线思维，股权设计也是，也要底线思维。底线思维是一种思维技巧，做事之前，眼里盯着设定的目标，心里想着有可能遇到的各种艰险，把困难想足，计算各种风险，预想可能出现的最坏情况，并制定相应的应对预案。底线思维能让人在前行的时候更加坦然，更加心里有数，遇到问题更加从容不迫。企业推行股权激励之前不能仅仅想着成功，还要想到一旦不成功应该怎么办。对有可能出现的各种状况要有心理准备，同时制订处置各种情形的策略和措施。本章内容围绕企业推行股权激励过程中有可能出现的种种问题而展开，研讨难点，指出风险，提出常犯的错误及应对方法。

合作创业分股份，警惕"大坑"

合伙创业人在做公司股权架构的时候，常会犯以下几种错误。

错误一：按出资比例来占股。如果按照出资比例占股的话，像草根企业，手头没钱，只能从外部引进资金，所以根本不可能占大股。草根创业者大都没钱，急缺启动资金的时候，突然有个土豪愿意投资，自然是好事。但好事也可以变为坏事，这就是辩证法。比如公司启动需要100万，这个土豪给出了90万，你自己凑了10万。股份怎么分呢？如果按出资比例分，那就是9∶1。只要按出资比例占股，出力的人一定占小股，出钱的人一定占大股。但是，这样分股是有大问题的，也存在大隐患。土豪光出钱，出完钱后啥事都不干，公司运作都要你管。挣了钱之后，他拿走绝大部分，你只得很小的一部分。开始的时候或许还没啥大问题，不过一旦公司做大，运作复杂了，赚的钱多了，问题必然会随之爆发。按出资比例分股，事实上既不合情也不合理，更不符合企业经营之道，尤其是轻资产、重经验和智慧类型的公司，项目启动确实需要资金，但是后期发展可能更多的需要经营者付出更多的精力和经验以及智慧。

错误二：按约定出资占股。认缴只是承诺，而不是实缴。承诺仅仅是画了一张大饼，而这个大饼还没有拿来让你放进嘴里吃进肚子里。比如说，总共需要投资100万，你实缴了10万，他认缴90万。这样一旦公司经营遇到困难，认缴出资的人很可能是最早退出的，因为其退出没有风险。这个时候，可以这样约定：按实缴分享权益，按认缴承担风险。之所以这样设计，其底层逻辑其实就是责、权、利统一。

错误三：投资人占大股。前面讲了，按出资比例分股，既不合情也不合理，更不符合企业经营之道。假如不但按出资比例分股，而且投资人最终占了大股，就更是错误。只投资，不干活，还占大股，肯定不行。很多投资人一般都是投很多企业，不光你这一家，你的企业好坏对他来说可能连 1% 的影响都没有，他不会关心你的企业的经营情况。投资人出于投资回报的考虑很可能在乎短期的盈利行为，绝少考虑企业的长远发展，其占大股，就拥有绝对的话语权，会影响企业正常的经营。这是典型的股权结构不合理。

错误四：提供资源者占实股。创业做生意，除了需要人力和财力，常常还需要其他一些类型的资源，如社会人际关系资源等。现实社会无法时时处处事事讲原则，常常必须要讲人情。创业开店办公司，人家帮了大忙，有的人就以公司实股相谢。随着国家综合治理水平的提高，公民法治意识的增强，那种政商结合的模式已渐渐被淘汰，真正拥有实力的企业会走得更长远。这些拥有特殊社会资源者也仅起到润滑剂的作用，过分的依赖让他们会使企业暗藏风险。必须要提醒，这类资源往往与腐败二字相连，是国家的反腐对象。本身就是一颗说不准什么时间爆炸的地雷，千万不要主动往上贴。谨记，千万别给自己惹麻烦了。大连"实德"就是很好的例子。

错误五：兼职人员占实股。兼职人员与上述资源提供者的基本逻辑是一样的，肯定不能给实股。所谓兼职，其实就是心不在你这儿，或者说，心没有全在你这儿。对你不是一心一意，而是三心二意。这样的人能指望跟你同进退、共患难吗？想都不要想。

错误六：离职人员不退股。离职的人不退股是不可以的。比如，几个人合伙创业，企业越做越大，慢慢的开始在经营理念上有了分歧，这时候有人就受不了，决定出去单干，就离开了，但是他的股权仍然留在公司，这就意味着人走了茶没凉，他仍然是公司的股东，仍然可以行使股东权利，享受股东利益，但却不需要再为公司付出更多的义务和责任。创业之前就要约定好，谁退出，股权也跟着退出。

错误七：占着实股不干活。有的合伙人占着公司的股权，但实际不怎么干活，有的人是不愿意干，有的人虽然愿意干但干不好活。这样的合伙人要让他尽快退出股权。股权一定要给甘于对公司的未来发展而奋斗的人。当然这也不是绝对的，所谓有钱出钱，有力出力，并不一定非要出钱的人也参与公司日常管理，"干实际活"要做扩大的理解，就是要按照合作初心，干自己分内的事儿。

二股东占股34%，有一票否决权怎么办？

三位合伙人一起创业，拟注册成立一家新公司。大股东占股

51%，二股东占股34%，另一人占股15%。大股东对于二股东的占股比例有顾虑，为何？占股34%意味着过了1/3，这种情况下，假如公司章程没有任何约定，按照公司法规定，他确实就有否决权。万一遇人不淑，闹起矛盾，会让你非常痛苦，甚至公司没法正常运作。

占股超过34%就有了一票否决权，假如这位合伙人观念不正，性格怪异，那么他就会放纵手里的这个权利。公司大小事都要插手，谋求自己说了算，感觉公司离不开他。贪权是人性的弱点，一旦有了权利，想让他放弃很难。一旦有人侵犯了他的权利，他就会难受，变得狂躁。君子掌权倒不是什么大事，一旦小人得权得势，不尽情利用他就难受，于心不忍，必定会闹腾得鸡犬不宁。

占股超1/3本身不是什么大问题，问题在于占此股份的人到底是君子还是小人，这个才是问题的关键。另外，需要全面了解公司法对此的规定，才能正确理解和应对。首先，占股超过1/3，只是在股东会层面有否决权。所谓的否决权，指对公司特大事项有否决权。那么什么才算特大事项？公司法有专门解释。需要强调的一点，虽然有国家公司法，但公司章程的约定十分重要。制定公司章程的时候，要对一些问题做特别约定。除非法律上强制要求必须大于2/3通过的，其他的就给约定为1/2通过就可以了。话说回来，草根企业的上市概率很小，没有多少特大事项，这种否决权其实没有多大实际意义。

从当当李国庆被俞渝"逼宫"谈夫妻合伙的风险

夫妻合伙创业是十分常见的模式，同时也是人们讨论的热点问题。"当当"曾几何时很火，但后来慢慢沉寂了，淡出了人们的视线。前一两年因为李国庆的一则采访视频，"当当网"又一次回到大众的视野。看到从最初李国庆俞渝夫妇合伙创办"当当"，到如今夫妻反目成仇分居分道扬镳，很多人不禁发出这样的感慨，认为夫妻创业大概率会失败，夫妻店模式隐患多多，难能长久。真是这样吗？

看待任何问题都要一分为二。

夫妻合伙是天然的最好的创业模式，为什么？因为夫妻是生活共同体，经济共同体，本质利益完全一致，风险一致，去哪里找这样合适的创业合伙人？从外面不论找谁合伙，都无法与夫妻合伙相比拟。与外人合伙，股权无论怎么设计，都会有不同程度的问题。夫妻不一样，夫妻不管怎么分，最后都是一半一半，是天然的利益统一。夫妻合伙的背后不止是同一个公司，还是同一个家庭，是天然的风险一致。夫妻二人在同一条船上，必须共进退，谁也离不开谁。之所以有很多像李国庆夫妻合伙这样的失败案例，原因主要是两点。

一是股权结构不合理。李国庆被赶出"当当"管理层时，股份只剩20%多点，没有否决权。俞渝60%多，还有8%的小股东也是听她的。很显然，李国庆没有控制权，俞渝牢牢掌握公司的控制权。失去控制权，只要产生矛盾，被踢出去是早晚的事。

那么，夫妻合伙创业，股权比例如何分配，才算合理呢？理论也好，实践也好，结论都是一样，夫妻合伙创业，股权必须一大一小。夫妻合伙是很特殊的模式，因为不管股份如何分配，利益都是一半一半，这是婚姻法的规定。所以，夫妻合伙就没必要考虑收益如何分配的问题，而主要考虑谁说了算的问题，也就是对公司的实际控制权问题。按道理讲，控制权在谁那里都行，但是对这个问题一定要决定好，一定要在某一个人那里，而且一旦确定就不要变来变去，这主要是考虑到公司管理的稳定性。如果夫妻两个人都在管理公司，权力不分上下，要是两个人观点一致自然万幸，假如常常观点不一致，南辕北辙，那么下面的员工该听谁的？长此以往，公司不可能顺利发展。对此问题，在一起创业之前就要达成共识，形成定规。

二是能力特点不适配。夫妻合伙最好的配型是强弱合作，强强合作问题较多，除非是强强互补。李国庆和俞渝一个是北京大学高材生，一个是纽约大学 MBA。两个人都很要强，工作上都很厉害。属于强强配，但是不互补，结果肯定会正面杠。潘石屹和张欣夫妇也属于强强配，但他们属于强强互补，所以就很成功。

强强配的夫妻不论是合伙创业层面，还是生活层面，只有强强互补才能适配。如果强强配的前提下不互补，不要说合伙创业肯定会出现问题，一起生活恐怕都问题多多。互补是什么意思呢？就是比如一个业务强，一个技术强，一个擅长管理，一个擅长营销，一个擅长对内，一个擅长对外，这样就是互补，就会一加一大于二。希望夫妻创业的伙伴也不必动摇信心，要看到夫妻合伙创业的有利的方面，强化互补性。

合伙人三年后要退出，怎么办？

张三和李四合伙开了一家公司。张三出资 10 万元，李四出资 5 万元。李四说只能干三年，因为个人的一些原因，三年之后要去外地。张三问：三年以后应该怎么办？

需要明确李四的身份定位，是合伙人？投资人？如果定位是合伙人，而李四明确说三年以后要离开，没法继续合作。这种情况下，李四没法成为张三的合伙人。因为合伙人最重要的一个条件就是患难与共，能够白头偕老。这种短期合作明摆着无法长久，所以结论是李四不是张三的合伙人，准确地说不是长期合伙人。

从长远看，如果张三要把李四当作投资人，就要看现阶段张三是否缺这5万块钱，毕竟初创阶段的股权是最不值钱的，股权越往后越值钱。李四花了5万块钱，现在投进来占1/3的股权，33%的股权释放了。投资人进入，估值一般会做溢价，5万元占股1/3相当于平价让李四入的股，对张三来说显然是吃亏的。三年以后，李四不在公司干的时候，李四就成了公司纯粹的投资人。这对张三来说肯定是吃亏的合作。

首先，厘清李四究竟是合伙人？还是投资人？还是合作伙伴？还是雇佣关系？

其次，李四非要入股的话，一定要约定好退出机制。退出的时候股权退不退？假如保留股权，怎么分红？退的话，股价怎么计算？是按原价还是按当时的市价？这些问题都要在事先约定好，形成书面协议。把丑话说在前面好，开始合伙的时候，就把散伙时候的各种问题讲清讲透。约定越清楚，散伙成本就越低，散伙之后还能做朋友。

最后，假如张三的公司已经自己经营了一段时间的话，李四到后面进来，其实可以想象成这是一种以股权激励的模式进入的。因为公司已经成立起来了，已经有模型了。李四不进入，张三也能正常维系下去。

既出钱又出力的叫合伙人，只出钱不出力的是投资人，只出力不出钱的是打工人。李四既出钱又出力，属于合伙人。三年以后，李四既不出钱也不出力了，就什么都不是了。李四所出的钱是三年前的钱，这个钱的处理办法是事先约定好退出协议。总体分析之后，我们得出结论，李四只能算短期合作伙伴，合伙人都不是。

如何有效规避股份代持风险？

股权是你的，但在章程上写的是别人的名字，就叫股权代持。在工商部门登记的股东叫显名股东，实际出资人叫隐名股东。什么时候才会用到股份代持？通常情况下，股东不方便亲自出面持股，或合伙人有什么特殊背景，如某些资源关系、上市公司高管身份等，不方便出面，或给员工做股权激励的时候，短时间内不方便写在章程上、体现在工商登记上。诸如此类情况下，通常会代持。但是，如果股权代持的出发点违反国家法律强制规定的，那么这种做法将不受法律保护，比如，国家机关工作人员不得从事商业经营活动，那么有国家机关工作人员就让其亲属或朋友代持股权的形式参与某些公司的经营投资，这种行为就不受法律保护，反而会受到相关法律法规的处罚。

股权代持在实际的投资经营中应用非常广泛。股权代持有法律风险吗？确实会有。股权代持一开始如果约定不明确，结果肯定会容易产生不必要的纠纷。但是实践中很多情况下人们只知其一不知其二，就是这么干的，而且毫不注意法律风险的预防。

股权代持既可以是短期行为，也可长期代持。尤其是需要股权长期被人代持就更应注重法律风险的预防。从法律角度上讲，股份是人家的。如果代持人出现意外情况如死亡失踪，按照法律规定，股权就被别人继承了。如果代持就你俩知道，一旦出现问题就解释不清，因为没有证据证明股权是你的而不是他的。要尽量规避风险，这事必须做好做周全。正儿八经的股权带持，不仅要签股权代持协议，而且还要告知其他股东代持的事实，并且还要签署一系列的配套法律文件。比如股权回购协议、其他股东放弃优先受让权的声明、显名股东的配偶声明对该部分股权为持有人的个人财产，显名股东继承人放弃继承的声明等。要有防范意识，假如遇人不淑，完全有可能一纸协议把你的股权卖了，就不好办了。

怎么防止"空降兵"是"水货"？

所有企业都希望能吸引牛人进来，但是初创企业没有吸引牛人的条件。当公司发展到一定阶段的时候，人才的内生能力到了天花板，自己没办法继续培养能人。这时候，不论有没有吸引牛人的条件，都必须寻找牛人进来支撑公司的发展。许多公司通过猎头挖人，挖来的牛人也就是我们通常所谓的"空降兵"。

但凡"空降兵"，都有一个共同的特点，就是传说很牛。提出的供职要求也都很高，动不动就是年薪要求百万。尤其一些二三线城市的公司去一线城市挖人，挖来的这些牛人都有居高临下的姿态，得供着抬着才行。这些牛人大多是有真本事，虽然也有个别"水货"。"空降兵"最大的风险在于供职的稳定性，他们都是冲着高薪来的，也会在别的公司更高薪的诱惑下跳槽。以高薪为供职导向的"空降兵"们，供职的价值观很简单，就是看谁给的薪资更有诱惑力。

现在高薪挖人越来越难。目前吸引"空降兵"最好的办法就是"高工资＋有足够诱惑力的期权激励"模式。最近一些年，很多公司的招聘广告中，关于薪酬体系的介绍都加进去期权激励的内容。水涨船高，不开出期权激励的价码，真正的牛人是没兴趣来应聘的。

适合牛人的股权激励模式有两种：一是期权，一是限制性股权。期权是在约定时间内完成约定的考核条件，就可以约定的价格来享有约定的股权。限制性股权是先给股权，但会配上一些限制条件，如果没有达成约定的要求，股权还得收回。

限制性股权很适用于一些特别牛的人，包括挖来的"空降兵"。为了吸引牛人，可以给他们股权。但是，给了股权，你得用心干活，得对得起给你的股权。所以，必须适配限制性条款。期权怎么操作？挖来的"空降兵"开口就要百万年薪，怎么办？你可以告诉他，"没问题，不但给你100万，而且还要多给你。我给你130万，30万的年薪，另外再给你100万的期权。如果你干满一年，考评通过，完成约定的业绩目标，就给你100万股的期权，年底就去工商局注册。"有人或许会说，人家要100万年薪，你却给了130万，假如人家不要期权，就跟你要130万现金，怎么办？这种情况并不是说没有可能。在职场上干到这个级别的人，一般不会提这样的要求，因为股权给他带来的利益远大于死工资，当然也会存在一些不可预测的风险。提出只要现金不要股权，有几种情况。一是不看好你的公司，对未来没有信心。二是价值观使然，现实主义者，捡到篮子里的才是菜。三是目光短浅，只看重眼前的利益。四是利己主义者，实利主义者。只想得利，不想过多承担责任。总而言之，假如挖来的牛人真的是类似这样的人，那么合作性不会好，这位牛人的价值会大打折扣，对公司长远发展不会是有利因素，甚至是隐患。公司效益好的时候，或许能贡献自己的价值，一旦公司遇到难处，一定会毫不犹豫转身离开。这样的牛人，不用也罢。

成立"家族公司"的意义何在？

有的人或许对于家族公司在股权架构中的意义不甚理解。顾名思义，家族公司就是你家族的公司，与外人不相关。家族公司一般情况下是夫妻或家庭成员共同占股，不过目前社会上离婚率那么高，婚姻关系极不稳定，夫妻店如遇离婚时最容易引起纠纷，不仅是感情还有经济，所以最好是与自己的孩子一起成立家族公司，这样的话一举多得。

家族公司干嘛用？为什么要成立家族公司呢？家族公司平时没有业务，就是为了控股之用，或者参股你下面的公司。意义有四：一是合理避税。二是便于个人消费。三是规避自然人入股的风险。你下面的公司都是你从名义自然人持股，万一其中一家公司遭遇败官司，无力执行判决，这家公司被列入失信黑名单，那么作为法定代表人的你也会一同被限制高消费，而与其相关的其他公司信用有可能会受到影响。如果是家族公司控股，你对下面的公司就是法人股东，在出资限额内只承担有限责任。对于你来说家族企业就起到防火墙的作用。四是解决了将来公司的传承问题。家族公司的股权永不分割，孩子可以分钱，可以分享财产，但短期内不分股权，就是通常所说的分钱不分权。目前，绝大多数中小企业都还没有考虑过这一点。小企业刚开始不需要谈战略，也没时间思考太多，最重要的事就是做业绩，先活下来比什么都要紧。但只要底层逻辑是对的，只要方向对了，就不怕路远。

为什么不建议自然人持股？

不建议自然人持股，要是换个说法，就是法人持股有什么好处？比如说两个合伙人甲和乙，甲成立了一家公司，乙也成立了一家公司，甲和乙用各自的公司作为现有公司的两个股东，不再是自然人持股，而是法人持股。

外行人一定会问，弄那么麻烦干嘛？

首先，要弄清楚自然人持股的弊端。现实中，一般的公司基本上都是自然人持股，弊端是风险没有做隔离，需要自然人股东直接承担风险。公司万一出事了，工商部门或者公安部门来查的时候先找谁？先找法定代表人，然后找实际控制人，之后找总经理，再找财务总监。假如是法人持股，就隔了一层，相当于做了一个隔离，分散了风险。

其次，法人持股可以合理避税，准确讲叫递延纳税。自然人持股的情况下，比方说年底分红，钱要打到个人账户，按照国家规定，股息属于个人所得税纳税的项目，需要缴纳个人所得税。如果是法人股东，分红的钱打到公司账户，就不需要缴纳个税。你可以拿这个钱去消费，买车买房都可以，车和房放在这个公司名下就可以了。个人临时需要用钱的时候，以借款的形式先借出来，这是没有税的。但是需要注意，借出来之后是要还回去的，财务走账，常规操作就可以了。假如遗产税开征，可以通过股权转让变更，规避了遗产继承的风险。

最后，以公司名义进行对外投资，入股别的公司，起到控股公司的作用。很多优秀企业基本上都用这种模式，只有在最顶层的公司才会出现个人，下面就是一层层的公司，这就是所谓的金字塔结构。假如有上市打算，也可以自然人持股一部分，这个就是为了方便以后套现之用，这样操作是没有问题的。

值得注意的是，如果你一个人成立一人有限公司，就不能用这

个公司再去投资一家一人有限公司了。因此，你一个人成立的一人
公司在对外投资成立下一家公司时至少要两个股东才行，而这两个
股东是否为自然人或法人，则无限制。

遇到不干活的股东，怎么办？

现实中，经常会有这样的情况，即有的股东不干活，只想着年
底分红。比方说，刚开始创业的几个人，一开始就是按照出资比例
分的股份，但是由于有的合伙人离开公司了但股份没有退，还在拿
每年年底的分红。这种情况肯定有失公平，肯定不合理，但由于是
熟人碍于情面等原因，着实有点难办。还有另外一种情况，就是有
的被激励对象拿到股份之后，反而不愿意像以前那样用心干活了，
慢慢变得消极懒散，只想着年底分割利润拿分红。类似这样的情
况，在现实中很多。

出现这种状况，根源在于提前没有约定考核条件，考核机
制不健全。实行股权激励有个必要条件，那就是考核。股权激励
一开始就必须设计好约束条件和退出规则，避免有的人要赖要奸
要猾。

假如一开始的时候就没有提前设计好退出协议，也有补救措

施。最简单的办法就是采取业绩增发的办法。不断增发股份，激励业绩好的员工。公司干活人的股份会越来越多，而不干活的股东的股份会慢慢被稀释，变相减少了他的股份。

股权激励的底层逻辑是责权利统一，能者多劳多得，让干活的人不吃亏，不让坐享其成的人占便宜。只有这样，才显公平。只有公平，企业才能不断成长。

为什么不建议激励对象直接持股？

有许多老板做股权激励不全是为了个人目的，而是有十分善良的人文情怀。总是担心股权分得员工们不满意，总想着多给员工们分一些股权。他们的想法很单纯，想直接做股权转让，把自己的股权多分一点给弟兄们，大伙都有了股权关系就亲如兄弟。

毋庸置疑，这些老板的善心可嘉，初衷没有任何问题，很多企业也就是这么做的。不过一定要讲方法有技巧。比如说，企业刚开始尝试做股权激励，须由浅入深，一步一步稳健地朝前挪脚步，不要掉在不该掉的坑里面。比如，不论从理论上讲，还是出于实践经验，都不建议让公司的激励对象直接持股到公司，不建议自然人持股到公司。

最安全的操作方式是成立持股平台，即有限合伙企业，让激励对象进入这个企业，然后再持股。这样做绝对不是多此一举，而是有着深远的现实意义。麻烦肯定有麻烦的道理。直接持股并非绝对不可以，只是不建议这样做。

自然人直接持股以后，他就是公司的自然人股东，涉及股东会，即便他没有最终控制权，但是也需要签字。如果他不签字，事情就不好办。更严重的是，如果你的想法，和他不能达成一致，他单独或联合其他股东合计达到10%表决权时就可以以公司治理陷入僵局，依据《公司法》的规定提出解散公司之诉。至于最终法院会不会判公司解散这个已经不重要，大家知道一场官司的周期会把公司拖死，因为这场官司的信息会上网，客户会看到，员工也会看到，没有人会和一个可能倒闭的公司进行合作。

为了规避风险，建议间接持股。激励对象都进入有限合伙企业，执行事务合伙人（英文缩写GP）由公司实际控制人担任，激励对象都是有限合伙人（英文缩写LP），因为有限合伙人不参与合伙企业的经营决策，只分红，日常经营由执行事务合伙人决定。这样既能保证激励对象工商注册，还不至于影响公司内部的决策效率。也有例外，比如说投资人进入，人家就要求自然人直接持股，这个没办法，公司急需资金的时候，没有什么谈判筹码，必须妥协。

两人合作，股权不能四六分

两个内部股东指的就是合伙人，两个人一起出钱一起出力创业。这种情况，股权应该怎么分呢？如无特别约定，出资比例就是股权比例，就是表决权比例，也是分红权比例。由于很多中小企业不会把三种权利比例进行细分。因此股权比例建议一大一小，一强一弱。要么"一九开"，要么"二八开"，"三七开"也还可以，但就是不能"四六开"。为什么不能"四六开"分股？因为表决权过1/3就有了否决权。

两人合伙创业，肯定是铁哥们关系。但关系归关系，做企业归做企业。做企业有做企业的内在逻辑，必须其中一人当大哥，一人甘为小弟，这样的股权结构才有利于企业的生存和发展。在企业管理中，当小弟的要绝对服从大哥，这样企业才能长久。为什么呢？因为创业企业尤其要避免因决策效率低而错过发展关键期，高效决策是初创企业发展的前提。初创企业最重要的战略就是在活着的前提下创造更好的业绩和更高更多的利润。如果四六分股，占四成的这个人刚开始没问题，能接受，认为你是大哥，我听你的。但是时间长了，两人难免会有这样那样的矛盾。一起生活了很多年的夫妻都能离婚，别说哥们合伙经营企业了。如果两个人未能妥善处置矛盾，矛盾由小到大，不断激化，小股东就会心里很不舒服，觉得我跟你不过就差20个点的股份，我再有10个点，五五开了，谁是大哥谁是小弟还说不定。手里有否决权的小弟因为心里不平衡，会作出一些不理性的行为。为了跟大股东做对，而不惜损害公司的利益。

这就是典型的股东内耗，现实中十分常见。纵观历史，凡有点能力有点理想的老二，哪一个会长期隐忍，甘愿一辈子当老二？不要仅仅从道德层面考虑这个问题，而要从人性角度看待，实属很正常的现象。当老二想当老大的时候，他只有一个选择，就是干掉老大。其结果要么毁了兄弟感情，要么灭了好不容易打拼起来的企业，这就太悲哀了。

两人合伙创业一定要一大一小、一强一弱，大小组合、强弱合作更稳定。大哥就是大哥，小弟就是小弟，角色明确，职责清晰，决策更有效，执行更有力，对企业更有利，打造你、我、企业三赢的局面。企业是实现个人梦想的载体而已，只要企业很牛了，也没人在意你的股份究竟是多少，就像马云，他只有阿里7个点的股份。大格局才能创造出大企业，才能实现个人大梦想。小格局也只能小打小闹，难成大器。

技术入股，该注意哪些事项？

技术入股该如何操作？这是许多企业老板都遇到过的问题，操作难度也比较大。尤其是技术导向型企业，必须得面对这个问题，如科研公司、医疗单位、网络公司等。

技术虽然是很实的东西，但在股权操作中却是很虚的，不像直接投资的资金是多少就是多少，投多少钱占多少股份，很清晰，很好操作。技术入股的第一件事就是对技术估值，估算这个技术值多少钱，将无形的技术转换成有形的金额数量，然后按照估算值推算应得的股权。对技术估值的时候，需要考虑许多因素，比如该技术是不是专利技术？是不是需要做技术转让操作？假如是专利技术，那么专利权、商标权、知识产权等可以作价，按照作价数额入股。但是一般情况下并非专利技术，而是一些无法转移到公司的技术，如厨师的厨艺、医生的医术等，就难以按照作价数额入股。因为这样的技术无法将技术的所有权转让给企业，而企业只有技术的使用权而已。企业效益好的时候可以合作，一旦企业不景气，他就会带着自己的技术跳槽，换一家公司接着干。

无专利的技术入股，该如何操作？

原则一：该技术是否具有不可替代性。虽然都是技术，但其含金量不同，价值不一样，甚至说差异很大。比较牛的技术没有替代性，或者即便有替代性，但替代难度很大，替代的成本很高。对企业而言，这样的技术没它不行，价值很大，可以给股权，拿公司股权换取技术使用权。对于那些全球领先、行业垄断型的技术，属于稀缺资源，完全有必要给份额的股权。不过常见常说的技术大多数具有可替代性，换个人来做也行，没有很大的差异，这样的技术不建议给股权。

原则二：对该技术的时效性作出判断。有的技术虽然厉害，但有时效性补偿，三五个月或一两年后就会贬值。这样的技术今天给的股权就会成为明天的累赘，这样的技术无法为企业持续创造价值。技术很牛但时效性短暂的技术，不能给股权，可以拿其他方式来交换。假如技术很牛，而且时效性很长，这样的技术值得拿公司股权来交换，这样的技术一定要给予股权激励。这个时代不缺人力，稀缺的是很牛的人才。不过具体操作时建议先从干股激励开始，约定考核条件，之后在适当的时机他可以拿钱买入公司实股。实股必须自己掏钱买，而不是白送。自己掏腰包买的股权与老板白送的股权，在他心里的感受完全不同，对他的激励效果完全不一样。

技术入股惯常使用的模式是"干股转实股"，这种模式技术方能接受，企业方的风险也比较小，属于双赢模式。适用于技术骨干股权激励。

为什么分红要设计成延期支付？

什么是延期支付？就是说钱是你的，但我分几次给你。比如说，年底分红张三可以拿到 10 万，不做延期支付的话，一次性发给张三这 10 万。做延期支付的话，10 万块钱分成两部分，其中 5 万当年年底发，剩下的 5 万晚半年或一年，到明年年中或年底再发给你。这就叫延期支付。

很多人不太理解这种做法，员工百分百都希望一次性拿到手。一些老板也不理解，认为到年底了，该给员工的钱利利索索一次性发给人家，人家高高兴兴地拿着钱过年。老板们需要搞清楚一个事实，企业留不住人，钱仅仅是因素之一，绝对不是唯一因素。能拿到公司股份的员工大多缺的并不是钱，而是价值认可，更多时候追求的是工作的愉悦感和被尊重的心理需求，有的人或许需要的还有某种权力。不要认为我给你高收入了，就可以随性随意地控制你指使你。尤其是那些很厉害的高管，时刻想着找机会出去自己创业当老板。对于有些人来说，你给他钱越多，他就越想单干。心理膨胀了，之所以没有下决心辞职，就是因为手头还缺点资金。结果你一下子就发了那么多钱，人家拿到钱之后就利利索索辞职不干，开开心心地离开了。

聪明的老板绝地不会一次性发，一定做延期支付。就像上面说的，分红10万，先给你5万。你如果过完年回来提出辞职，那么另外5万就不给你了。当然这种操作要事先约定好，不要搞突然袭击，不可以临时变卦，否则影响老板的诚信。当然只要你不走，这5万元肯定还是你的钱，到约定的时间就给你了。

不只是股份分红做延期支付，其他也要做分期支付，如业绩提成等，都可以导入延期支付模式。延期支付做得最好的就是华为，任正非说过一句非常经典的话，我一定要让我的员工很有钱，但让他的手里没有钱。发股权分红就发70%，再过三个月，再发个其他名头的什么特别奖励，再过三个月，再发一个别的什么奖金。一年到头我都在给你发钱，但是无论什么项目的钱都不会一次性给你。

年底了尤其快过年了，有的老板赶紧算算该给员工发多少钱，算完一下子就把所有钱给人家了。结果你给的钱越多，人家跑得越快。人家正好准备单干创业自己当老板呢，正好还却一点启动资金，这不正好吗？延期支付的意义在这种时候就体现出来了，想离职的人发现不行，三五个月以后还有上百万的分红，我现在出去创业三五个月也挣不了 100 万啊。三五个月之后分红拿到手了，感觉又走不了，因为再过几个月还有 50 万奖金呢，而且那时候正是七八月份，天又那么热，创什么业啊，凉快凉快再琢磨吧。一晃到了十月十一月，想想这不快春节了吗，也不是创业的季节，年底上哪招工，要不再等等看吧。就这样一年一年过去了，他始终走不了。别小看分期支付，一个小小的规则，事实上意义重大，不但起到留人作用，还能为企业现金流保驾护航。

另外延期支付的另一个好处可以减少公司现金流的压力。譬如，现在需要一次性给员工分红 100 万，企业的新项目启动资金需要 50 万。是一次性把 100 万给员工分了，还是先分 50 万，用剩余的 50 万再投资，再投资又会有新的收益，然后，再把这 50 万分给员工呢？

股权激励要避免的三个误区

很多公司把股权激励想得过于简单，落实股权激励方案的时候，经常出现这样那样的问题。慢慢发现，其实股权激励不是想象中那么简单。做股权激励的时候，企业老板常常会遇到一些思维误区和操作误区。主要表现在三个方面。

误区一：认为股权激励就是一个分红机制。很多时候，公司做股权的时候，仅仅把它做成一个分红机制，即红利的分配方案。一些企业老板给人力资源部门下达一个简单的指示，让做一个股权激励方案。人力资源部门的人就开始琢磨，最后制定了一个分红方案。这个方案大概类似这样：假如本年度盈利500万，下一年营业额比500万多出来多少？多出来的部分就给大家按照制定的规则分配。六四开、五五开、四六开，看起来像是股权激励，实际上仅仅是一个分红规则而已。规则一出台，利益相关者当年会努力工作，力图到年底多分点红利。看到的仅仅是眼前利益，其他的事不会去管，想都不想。可能短期激励效果还行，但带来的风险就是透支公司未来。

误区二：股权激励绝不仅仅是分钱，还有分权。员工认为拿到股权就是拿到钱了。股权当然与钱有关系，但绝不仅仅是拿到了钱。"股"的后面是"权"，什么权？成为股东之后自然会同步得到一些权力，股东大会就是公司的最高权力机构。拿到股权之后，就有了参加公司股东大会的权利。仅仅是分点钱不是什么大问题，问题是在分钱的同时，权力也分出去了。如果在推行股权激励的时候，丧失了对公司的控制权，问题就大了。"蒙牛"的牛根生就是典型的败例，当年就是把股权都分出去了，不但分掉了钱，同时把控制权都分出去了，结果后来被"中粮"收购。还有"宝万之争"，"万科"王石也是因为失去了控制权。股权散出去以后，如果遇到"野蛮人"，遇到外部投资人的恶意收购，你怎么来维护公司利益？维护不好公司，你的董事、高管、员工又怎么能为你安心工作呢？所以股权不仅仅是钱，应该是钱加权。

误区三：有的人把股权激励等同于合伙分赃。一些老板下意识里把股权分配等同于分赃。有的人把股权激励跟合伙分赃相提并论。事实上股权激励不是薪酬分配，也不是合伙分赃，不是简单的分股权。股权激励的重点在于合伙干事业，一起把企业做好。股权激励的重点在于一个"合"字，资金合在一起，工作合在一起，利益合在一起，人心不就合在一起了吗？大家齐心努力，一起把蛋糕做大，共享美好将来。这个才是股权激励的真正含义。

第7章
股权逻辑：找准股权激励"锚点"

有位朋友是做电商的，和他经常打交道的一位上游供货商提出想入股他的公司，他心里没底，拿不准该不该让他入股。就在网上咨询一位专业律师。

老师："他入股的目的是什么？"

回答："不清楚。或许是看到我的公司的业务量大，想跟着我一起赚钱。"

老师："你缺钱吗？"

回答："不缺钱。"

老师："既然不缺钱，你找他进来干嘛？他的货特别好吗？"

回答："别的商家也有同样的货，只是经常买他的货，比较熟悉了。他提出入股，我感觉不好意思拒绝，也不知道怎么跟他谈。"

老师："不建议供货商在这个时候入股。股权合作有逻辑，岂能随性当儿戏。股权合作的基本原则是责权利平衡和对等。入股以后不能只享受利益而不承担责任。那位供货商入股以后不但不承担责任，一边享受着股权利益，一边还要求你进他的货。责权利不对等，不平衡。建议你多业务合作，少股权合作。业务合作属于短期的浅度合作，合得来则合，合不来则分。股权合作则是利益长期捆绑式的深度合作，一朝捆绑，即为长期股东。股东与股东之间仍然存在买卖关系，不可想象。"

以上各章主要谈股权设计的基本思路、理论和套路，本章内容主谈实战，以便加深对股权设计及股权激励的认识。本章列举了一些不同行业不同企业做股权设计的实战案例，讲解其制定股权架构的思路和方法。

创业公司如何做好股权设计？

"万科"跟"宝能"的股权之争导演了一部商战大片，到现在似乎也没有看到最终的结局。这场争斗使人们重新审视创业公司的公司治理问题。1988 年，"万科"改制，当时王石主动提出自己要做职业经理人，只要名不要利，直接放弃了通过持股以获得对公司的控制权的机会，这也为如今"万科"股权大战埋下了导火索。"万科"股权大战给创业者的启示有很多，比如创业者必须清晰初创公司到底应该如何进行股权设计？如何处理创始人、联合创始人、早期员工、外部资源提供者、天使投资人等一系列利益相关者的股权关系，以及为了保持公司治理的稳定性，创始人拥有公司控制权的意义到底是什么？

合伙创业公司股权的分配就像一栋大楼的地基，早期创业者很容易会把注意力放在业务层面，很少去关注创业公司治理层面的问题。恰恰这个环节如果出现问题，就会是致命性的错误。地基不牢，大楼很可能在往上搭建的过程中倒塌。

创业公司到底该如何进行股权设计？

首先必须明白公司内部的几种角色：创始人、联合创始人、外部投资人。创始人和联合创始人必须要在公司全职投入工作，兼职、不付出全心都不行。另外，还有一种情况就是在一个创始团队中既扮演出资人，又提供部分资源，有时候还干点实活，这种人的存在也是一个大麻烦。作为投资人，不管你帮创业团队做了多少事，都是资本的增值部分，也是别人要你钱的理由，所以你不能在投资人和创始人的角色之间来回"骑墙"。投资人应该清楚"我就只是投资人""我就挣投资人的钱，不挣创始人该挣的钱"。开始创业的时候遇到这样的人，如果不处理好，后期会非常麻烦。

一是股权结构一定要干净利落，不拖泥带水。股权结构不要设计得很复杂。创业公司股权有三类：创始人股权、员工期权、投资人股权。创始人的股权可以出资，也可以不出资。因为创始人是以过去的经验和资源以及未来对公司的全职投入作为条件换得公司的股权。按照一般的股权投资规则，创始人出小钱占大股，投资人是出大钱占小股。投资人尤其天使投资人跟创始人之间是一种博弈的关系，很牛的创业者肯定会找很牛的投资人，如果最牛的投资人找不到，才会降级考虑二三线投资人。因此我们也能观察到那些二三线的投资人很难接触到特别好的创业项目。

股权投资市场的集中度非常高。看一下过去十多年在美国上市的高科技互联网公司的招股说明书的股权结构，会发现参与其中的股权投资机构集中在 30~50 家，在这之外的投资机构基本都跟美国的上市公司没什么关系。有这么一个说法，说如果中国有 5000 家 VC 和 PE 的话，至少 4900 家没有按规则办事，言下之意就是说这 4900 家存在的价值就是把有钱人手里的钱通过股权投资的方式还给社会。因为，据统计，创业者成功的概率也就 1%，甚至更低。也就是说只有 1% 的投资机构（也就是几十家）能够通过股权投资获得收益。

按照我国的《公司法》，在注册公司的时候通常是现金和可转让的实物及知识产权等出资。作为早期的创业者和创业公司，大部分用现金出资方式来获得公司股权，并按照现金出资比例未分配股权比例，这种做法与股权投资游戏规则不同频不合拍，许多早期的创业公司在设计股权结构的时候就埋下了风险。

需要注意的是投资人千万不要试图去控制公司股权。创业型企业中，如果投资人试图控制公司股权，最后一定会把公司玩死。这是投资机构在交了无数学费之后得出的结论。投资人和创业者都必须把握各自的边界，不要越界。投资人应既反对一股独大，同时也不应赞成股权高度分散。作为投资者，应该希望CEO能够成为公司大股东，天使投资阶段要绝对控股，不断稀释过程中要保持相对控股权。

股权有两个核心利益，第一表决权，第二分红权。表决权就是投票权，分红权就是收益权。公司控制权之争就是都想争夺投票权，因为投票权决定分配权。

设计创业公司股权结构，主要解决两个问题：第一创始人对公司的控制权，第二出让股权的目的：获得先进的资本、先进的理念；获得人才；获得对公司具有重大战略意义的资源，比方说"滴滴"与"腾讯"和"阿里"。

二是初创企业的两种非常极端的股权结构。其一，一股独大型，最典型的就是家族企业。一股独大带来的问题是实现不了生产资料社会化。只有股权分散，获得融资之后才可能上市，形成一个多元化的股权结构，才能称得上是一个社会化企业。如果拒绝改制，拒绝开放股权，资本就进不来，先进理念进不来，人才进不来，这样就形成一个封闭体系，这样的企业是长不大的。其二，高度分散型，典型代表就是华为。股权高度分散的企业容易出现公司治理结构稳定性问题。"华为"靠的是任正非的个人魅力，一旦灵魂人物不在了，公司治理的稳定性就会面临挑战。"华为"现在也在着力做接班人培养的事，准备应对的就是股权分散带来的不可预期的挑战。

三是员工期权计划。员工期权的本质其实就是承认专业劳动对公司的贡献价值，因此员工有权参与公司的利益分配。绝大多数企业都是因为投资人进来才有了员工期权计划，很少有自然人创办的企业愿意拿出股权期权来给员工进行分配。多数老板没有这个觉悟，但是资本必须是理性的，资本规则就是强制要求公司推出员工期权计划。期权池可以是 10%、15%、20%，具体比例就看创始人想开放多少股权。设立期权池的同时，还要考虑创业者对公司的控制权以及利益分配的动态平衡。如果这个事情没有做好，往往会形成两个阵营——创始人阵营和投资人阵营，在董事会和公司治理层面会形成激烈斗争。比如"新浪"，整个团队最后被投资人清除出局了。当然，那个时代大家其实都不懂股权投资应该怎么玩。

创业团队一定要找专业投资人。现在很多人手里有闲钱，他的钱如果不交给专业投资人而是直接给你，这种钱杀伤力其实很大。如果说他提意见你不听，就会很麻烦。更重要的是这些人只能享受利益，而不愿承担亏损。无数的例子证明当你亏损的时候，这些人会退股，让你退还他的投资，即使你有协议也不行，因为他们不会顾及协议，只顾及利益。不管是产业资本还是金融资本，都不要找业余投资人。

四是股权绑定的概念。股权绑定是投资机构带来的理念。比如，我投了你之后，公司创始人或联合创始人在公司股权有一个绑定期，三年、四年或者五年——从投资人角度来讲，时间越长越好。一个项目从天使到上市，平均时间是七到八年。但创始人都希望这个绑定期越短越好。目前，通常是3~5年。从天使角度讲，你只承诺3~5年，过了绑定期，你走了，公司谁来做呢？任何一个创始公司，如果CEO走了，根本就找不到人能够接替他。所以CEO是创业公司不可替代的资源，企业成败大多都寄托在这个人身上。很多时候风投看中的不仅仅是项目，更再投核心团队，尤其是有很大发展潜力的初创公司，没有核心团队运作项目，这个项目结局就是死。

五是初创企业股权设计的"七个坑"。主要体现在占股分配及退出机制上。

第一个坑：提供资源者占股，甚至占很大的股份。这是一个特别大的坑。有一个真实案例：有一个项目，两个创始人是同学，CEO占55%的股权，另一个占30%的股权，剩下的15%给了天使投资人。二把手当时已经 50 岁了，已经过了黄金创业年龄，但他有很好的资源。这个公司刚开始起步的时候，主要也是靠这个二把手引入的一个关键资源。但二把手不参与创业，这种资源引入只有一次性价值，等公司做大以后，发现这个资源非常容易获得，甚至没有任何价值。早期引入这个资源付出的代价显得特别高昂，对公司长远发展非常不利。每当有投资人介入，提的第一个条件就是要求稀释二股东的股权，如果能让他套现出局，就尽快出去，可以给他开一个都能接受的价格。因为二股东的历史作用结束了，他不是一个持续的价值提供者。对于这种仅仅提供一次性资源但不参与持续创业过程的外部资源人员，不要放在母公司股权结构中。实在不行就另外设立一个公司，把这个人的股权放进去，放在二级的业务公司里，不要放在未来用来融资上市的母公司。当公司快速成长，估值翻几倍的时候，谁都不愿意出去。这样的话，处理起来就非常困难。母公司的股权一定要留给那些为公司能带来持续价值、能跟公司一起长跑的人。早期设计股权结构的时候，如果设计不好，后期的投资者就很难进入，会形成一个不合理不平衡的一个股权结构，没有办法吸引优秀人才进入。公司起步一年后，如果没有预留出 5%~10% 的股权，不容易吸引优秀人才加入。

第二个坑：按出资额占股。按出资额占股绝对不可以。在国外，公司注册没有"注册资本金"这个概念，股权结构由股东之间签协议达成，跟公司登记没任何关系。但是在中国就必须得登记注册资本，还得有跟注册资本对应的股权结构。它背后的原则就是只承认资本对剩余价值的索取权，不承认企业家个人才能，不承认专业劳动的剩余价值索取权。风险投资承认企业家才能和专业劳动对剩余价值的索取权，两者的理念完全冲突和背离。

第三个坑：创始人离职后不退股。不论谁，一旦离开不参与经营，一旦离开团队，都必须调整股权。

第四个坑：天使投资人占大股。经常有人会问，天使投资怎么估值？其实天使投资人就是给你一笔钱，让你跑过一年或者两年。在这个基础上，留出 1.2~1.5 倍的储备量，看你之后能不能接上 A 轮。不同的项目需要的钱也不一样。不管投多少，通常也就 20% 左右，不建议超过 30%。太多的话，后面投资人进来的时候会觉得不均衡。早期的天使投资人必须遏制自己的贪婪。

第五个坑：产业资本占大股。产业资本是带有战略协同目的的资本。它依托的母公司往往在行业里面是一棵大树，你在这个行业里就是一个支流。如果这个大树能够给你引来一些资源，带来战略协同，能够对你的成长产生非常重要的作用，这种资本可以考虑接受。一旦你冲出来了，成为行业的一家至关重要的公司，对他整个公司发展战略有重大影响的时候，他就会选择并购。对于纯 VC 和 PE 来讲，他们没有战略选择的要求。你往大了做，他们不会干涉你的发展方向。有部分依托实业公司的产业资本，其实也完全是按照金融资本来玩的。

第六个坑：股权平分。比如，两个创始人"五五开"，三个创始人各占1/3。这是经典的创业必败的一个股权结构。创业者在前期设计股权的时候，只要稍微花点时间找个专家咨询一下，就可以避免很多错误。

第七个坑：兼职者占股。早期创业，技术人才很难得。如果有一个技术很牛的人，年薪几十万，他不想跳槽出来跟着你创业，但是可以利用业余时间帮你做开发。由于你付不起钱，于是就想着让他在公司兼职占股。如果把他的股权控制在3~5个点，这样还可以。一旦占到20甚至30个点，这时候就必须要求他全职出来跟着你做了。

六是合伙人退出机制。创业早期，不太容易找到牛人，能找到与自己同量级的人就非常不容易了。如果公司发展很快，两年就能到A轮B轮甚至C轮，这个时候就会发现，跟你一起创业的创始人已经跟不上公司发展的需要了。公司长大了，优秀的人开始进来，新人和创始团队之间就会形成井水和河水的分界线，两拨人容易发生斗争。这个时候，就会有早期的创始人选择退出。如果在股权成熟期之前退出，一定要按照股权绑定的游戏规则来进行。如果这个人在公司占的股权比较高，而且公司后来做的比较大，就会造成全体创业者为这个不在位的合伙人打工的局面。所以要做根本的股权调整，把他的股权调整到比较合理的结构。

一开始就可以约定合伙人的股权由创始人代持，并且股权成熟机制越长越好，这样有利于团队稳定。当团队发生矛盾，非常绅士地离开这种情况其实非常少见。因此，合伙人之间最好签订一个合伙人创业协议，这个协议与投资协议不一样，它是用来约定彼此之间的权利义务关系。当有人离开的时候，就按事先约好的办。

五人合伙，如何设计股权架构？

一帮弟兄想一块干点事，琢磨之后，决定成立一家公司。经过商议，他们五个人决定成立一家有限公司，五人总共占股 80%，下面其他一帮弟兄占股 20%。核心成员五个人，最初决定他们五个人平分配 80% 的股份，每人占股 16%。五位核心成员中有一位牵头人，其他四个人想让牵头人多拿一点股份，每个人就从自己的占股中拿出一个点给牵头人。这样的话就变成牵头人 20%，其他四个人 15%。

起初他们就是这么计划的，后来他们感觉似乎不是那么回事，觉得这个股权设计还是不合理。于是，他们就请专家为他们做股权设计。经过认真细致的了解和调研,最后制定出四种各有千秋的股权结构方案。

方案一:五个自然人股东,一个有限合伙企业。

五个人直接持股,其他弟兄们成立一个持股平台(另成立一个有限合伙企业,将五人核心成员之外的其他弟兄们的股份放入其中)。为了预防五个核心成员之间在未来合作的过程中产生较大的决策矛盾,提前签署一个"行动人协议"。

方案二:五个家族公司法人股东,一个有限合伙企业。

五个核心成员各自成立一个家族公司,然后,五个家族公司在持股公司,再加一个持股平台。五个家族公司签署"行动人协议"。把自然人换成家族公司,家族公司可以隔离一些风险,也是出于税务方面的一些考虑。

方案三:五个家族公司成立一个控股公司,再置入其下的持股平台。

这时公司股东只有两个:一个控股公司,一个有限合伙企业。

方案四:五个家族公司成立控股公司,控股公司直接控股下面的平台公司。

方案三是80%持股,方案四是100%控股。平台公司的股东这个时候就只有一个了,那就是控股公司。

以上几种方案都是可以的。股权怎么设计,不存在明显的对错，只有相对的得失。这个实战案例告诉我们，股权设计没有定规，必须依据实际情况进行分析判断，各种思路进行比较，找到最适合的方案。

持股67%，就可以为所欲为了吗？

张三虽然是小股东，但又是公司主要创始人。开始创业的时候，不懂股权设计，就按出资比例占股，投资人李四就此占了大股。公司初始投资金额10万元，张三出3万，李四出7万。张三占股30%，李四占股70%。张三管理公司，李四不参与公司经营。公司初创阶段没赚多少钱，张三没感觉到不爽，分红一直按照三七开计算。在张三的苦心经营下公司慢慢发展起来了，赚的钱也越来越多，甚至到100万了。张三心里也越来越不舒服，越来越觉得别扭。自己辛辛苦苦打拼一年，只能拿到30万，李四无非是创业时候出了7万块钱，平时啥都不干，却分到70万。李四觉得理所当然，从来没有表示过调整一下股权份额，张三就更加生气。而且李四对外一直宣称公司是自己的，这让张三更加郁闷。虽然一肚子怨气，但李四是持股七成的大股东，张三也是无可奈何。

持股超过 2/3，就真的没有办法了吗？就可以为所欲为横着走了吗？

虽然说公司法规定某些股东会决议事项必须经代表 2/3 以上表决权的股东通过，但是公司法同时也规定公司章程可以对股东的表决权另行约定。也就是说，可以约定股东不按照出资比例行使表决权。比如章程上规定持有 67% 股权的某股东，他只有 20% 的表决权，完全可以在公司章程中作这样的约定。如果说公司章程规定经代表 3/4 以上表决权的股东同意，才能通过某决议事项，这时候即便是持有 67% 以上股权的股东，也没办法为所欲为。

公司法所说的必须过 2/3 表决权其实只是针对某类事项。一是修改公司章程，二是增加或者减少注册资本，三是公司合并分立清算解散，四是变更公司形式。除了这几个事项，其他事项不具强制性。还有个办法就是在公司章程中约定某股东对某类事项有一票否决权。也就是说，即便代表 2/3 以上表决权的股东决议通过了，只要 1 位股东投了反对票，就这一类事项来说股东会决议也没办法通过。

类似张三的遭遇并非罕见，因股权结构问题闹得公司分崩离析的事也不少。这种事情比较棘手，越往后越难调节。刚开始创业时就要规划好，一旦定下来就很麻烦。张三要想抬高自己的谈判筹码，必须强化提升自己在公司的不可替代性，一旦成为公司的灵魂，李四也得仔细琢磨，不会轻易造次。

张三的谈判价码高了，可以找机会与李四谈谈调整分红比例的事。谈判的出发点一定是冲着双赢去的，以双赢为谈判原则，才是争取的心态。如果心里只有自己的利益而一点都不去考虑对方的利益，最终谈判结果肯定好不了。利我的前提是利他，先考虑利他，利我的目的也就更易于达到了。

餐饮企业如何做股权激励？

餐饮业的股权设计与其他行业企业的股权设计逻辑上是一样的，没有本质区别。不过餐饮行业有它自身的特点，如门槛较低，谁都可以轻易进入，不像高科技领域那样对人才和资金等有比较高的要求。餐饮企业是劳动密集型企业，传统餐饮业更依赖于厨师、大堂经理这些岗位。餐饮企业做股权激励、股权设计的时候，需要考虑这些行业特点。

餐饮行业因为股权设计不合理导致股权纷争的情况不在少数，比如"真功夫"，前几年很火的"西少爷肉夹馍"，还有这几年比较火却大多以关门告终的众筹咖啡厅，都是因为股权设计失误让企业付出了惨重代价。

餐饮业做股权设计，除了遵循一般的股权设计原理，还要把握哪些原则呢？

一是餐饮企业合伙创业的股权设计。合伙创业有很多优势，是当下创业者比较喜欢的模式。同时，合伙创业也容易出问题。股权设计是影响其成败的非常关键的因素之一。

合作创业成功的必备条件：

第一，必须有一个威望较高的牵头人。

第二，要有一帮志同道合的合伙人。

第三，大家都有一个创业者心态。

第四，分工要明确。

第五，股权设计一定要合理。

合伙创业企业股权怎样设计才合理呢？

首先，牵头人一定要保持大股东身份。

其次，要让其他合伙人有安全感。

合伙人在五人以下，牵头人的股权超过一半，占股51%以上。合伙人超过五人，牵头人的股权不必过一半，其他合伙人就有了能够超过牵头人的可能性，这样的话，大家都会觉得安全，就不会轻易闹掰。换一个角度来看，不给牵头人绝对权力，其实也是对他的一种保护，因为绝对的权力会产生绝对的问题。这样的股权设计，其他合伙人就可以提意见，大家都有参与感和成就感，有助于提高团队凝聚力。牵头人的存在让这群人有一个主心骨，不会出现谁都想说了算这么一个僵持局面，不会出现群龙无首、互相争斗的局面。比如"西少爷肉夹馍"，三个最初创始人的股权比例是4∶3∶3，典型的没有大股东的股权设计。缺少牵头人，在发展过程中冲突不断，矛盾越来越深。公司刚刚走上正规，其中一个创始人就被踢出门，创始团队分崩离析，这是沉重的伤害。

二是餐饮企业众筹模式下的股权设计。众筹创业之所以会火，是因为这种模式门槛很低，几千块钱就可以拥有一个自己的咖啡馆、餐厅、会所。结果往往并不好，大多都失败了。

这并不是得之于易、失之于易那么简单，任何一种结局都有必然的逻辑。本质上讲，众筹模式与合伙模式是一样的，股权设计也与合伙创业一样的逻辑。不同之处在于众筹创业的股东人数比合伙人创业多很多，而且有些股东只愿意投钱，并不想参与经营。有些只是想要名要个面子，其他并不在意。所以众筹创业的股东其实更像是一盘散沙，更需要有牵头人来主事，来盘活这盘沙子。需要有人专职做项目，或者组建一个创业团队做项目。

很多众筹项目不成功，大多是因为大家仅凭爱好去做，轮流坐庄，都不专业，缺乏连贯性，最后只好关门大吉。众筹模式不会因为股权设计不合理而产生股权纷争，主要是因股权极度分散和平均，没有主事人，没有经营团队，这是很多众筹项目失败的关键原因。众筹失败的案例很多，但也有不少做成功的案例。

有这样一个真实的案例：有一位学股权课的学生，用众筹模式开了十几家水果店，他发动水果店的很多客户来参与项目。这些人出钱不多，每个人也就占几个点的股权，股权自然也很分散。他明白众筹的这个股权缺陷，所以策划了很多活动来凝聚股东，效果很好。这位同学的众筹水果店的成功，很大程度上是因为他对众筹模式股权本身缺点有充分认识，采取了十分有效的弥补措施。

三是餐饮加盟店的股权设计。加盟店是餐饮业常见的一种经营模式。跟其他行业相比，餐饮业更易于通过连锁店加盟店进行快速扩张，这是餐饮业的优势。在加盟模式中分为直投直营和特许加盟两种形式，在直投直营中更注重创始团队的作用，尤其是项目牵头人作为控股股东的作用，但是母公司对加盟店是不是控股其实没有太大关系，因为加盟店的品牌、供应链、管理体系都由母公司提供，甚至管理团队也是由母公司委派。这种情况下，不管是不是控股，事实上加盟店都由母公司控制。所以，不要拘泥于形式。基于连锁店这样的特殊性，餐饮加盟店的股权设计完全可以面向社会、面向员工进行众筹。

众筹模式简单的逻辑就是用别人的钱干自己的事，员工也感觉是在给自己干。有一家济南的餐饮众筹案，做得十分成功。这家集团公司在济南的规模做得还可以，下面有好几个餐饮品牌，当时旗下做了一个新品牌，这个品牌下的门店就是用众筹的方式。他把一半股权卖给了门店的六七个员工，另外一半股权卖给了朋友、客户。老板基本上没出钱，因为品牌是母公司的，所以门店要向母公司缴品牌管理费。员工通过众筹成为了股东，心态变了，责任心强了，门店生意非常不错。

股权设计的目的是让企业做得更稳更久，做大不如做精做久做出灵魂。有的人为了把企业做大，急功近利，最后把企业做散甚至做死了。"俏江南"为了上市，赌了一把，结果非常被动。"大娘水饺"只顾发展而忽视培养接班人，最后被迫出让股权。主动权旁落，也就没办法左右公司发展。做成五百强企业不如做成百年老店，长久生命力更能赢得尊重。做企业要追求做精做出灵魂，有所为，有所不为。

夫妻合伙创业，注意哪些问题？

有这样一则夫妻创业的故事，夫妻二人前些年离婚了，原因是他有一个公司，他跟老婆都在公司里边，他是董事长，他老婆是总经理。两个人天天吵架，在公司里吵，回家了接着吵。吵了几年，终于受不了了，办了离婚。他老婆退出了公司。都在公司的时候，两人越看对方越烦。自从离婚后，发现两人越看对方越喜欢。再到后来，两人复婚了。

夫妻一起创业是常事，不过夫妻一起创业是有风险的。尤其经历了初创期，企业进入发展期以后，最好有一个人离开。至少要离开经营层，可以进入董事会或者监事会。这样的话，基本上就可以规避风险。如果企业已经进入到正常发展轨道了，夫妻俩还在一起经营企业，权利相当，既没有特别约定，又没有明确权利划分，就会隐藏危机。比方说，夫妻公司很容易被一些小人所绑架。这里面说起来没有多少大道理，都是人性和套路起作用。举个例子，假设有一个员工想做什么事情，来征求你的意见。假如你不同意，那么他可能转身回去找你妻子，正好你妻子同意了，这就出问题了。你俩都是老板，员工其实也很为难。繁琐事多了，经常被对方气得要命，开始互相不满抱怨，都很郁闷烦躁。

股份架构不合理其实只是造成夫妻矛盾的原因之一，更多的原因其实来自公司的内部管理。比如两个人权限界定不清晰，职责不清晰，分工不明确。那么，有没有可能通过完善内部管理制度来避免夫妻之间的矛盾呢？即便有，难度肯定很大。原因是俩人毕竟是夫妻关系而不是普通的同事关系，关系状态完全不同。一山不容二虎，最简单最直接最有效的方法就是其中一个人离开，别等到两虎相斗必有一伤的时候再补救。

　　假如说夫妻一起创业已经很长时间了，别扭了好多年了，类似"当当"那样，是不是还有办法解决呢？前面也讲了，夫妻创业到了一定阶段，最好其中一人离开经营层，可以到董事会或监事会。假如还没有董事会，最好先成立一个三人董事会或五人董事会。借助第三方力量，撬开两个人的僵局。或者可以通过股权激励，从员工层面产生一些小股东，这些方法都可以打破夫妻僵局。一旦夫妻俩争执不下的时候，作为独立的第三方能从中调节一下，或许有用。假如夫妻俩各占一半股份，引入小股东后，小股东意见倾向谁谁就胜出。

　　再来看"当当"。"当当"居然没有董事会，只有一个人做执行董事。如果李国庆想把执行董事废掉，成立一个董事会，就得修改公司章程。按照法律规定，修改章程必须要过2/3的股东同意才行。就李国庆的股份占比来说，很难做到，因为他的股份只有27.5%。即便联合其他所有小股东，也不过35%。这只是从公司治理层面来说。至于李国庆夫妻之间还有没有其他纠葛，外人不得而知。虽然李国庆坚定表示要接管"当当"，但结果如何恐怕谁都难以预料。

　　不仅是夫妻一起创业，所有合伙创业的人都应在一开始就设计好散伙规则，这一点非常重要。事前约定散伙规则不是为了散伙，而是为了更好地合作。夫妻约定好退出规则，不是为了放弃，而是为了更好地拥有。还是前面反复讲的道理，夫妻创业，当公司进入发展期之后，其中一人最好离开公司经营层。否则不但公司没了，家恐怕都没了。

如何设计干股增量分配计划？

增量这个词在股权激励里面经常提到。分红分的不是存量而是增量，分的不是老板现有的股份，而是未来增发的股份。干股分配，一般推荐用增量分配的方式操作。

比如说，公司去年利润是 1000 万，前年利润是 800 万，再前年利润是 640 万。计算一下就会发现，这几年利润增长率维持在 25%。照这个势头，今年的利润正常情况下应该能达到 1250 万。算增量的话，就是以 1250 万为存量，而不是以去年的 1000 万为存量。

25% 是公司正常的自然增长率。即便不授予干股，正常增长也能到 1250 万。公司既然给员工股份，就是为了把蛋糕做得更大，蛋糕做大之后，大家一起来分增加的部分（不是现有的部分）。经过干股激励，今年实现 2000 万的利润，增量是 750 万。大家一起分的就是这 750 万，怎么分？按什么比例来分？要参照公司具体情况，没有定规。

下面提供一个阶梯式增量分配方案。

从 1000 万 ~2000 万，当年实现百分百增长率。我们可以在增长率区间内设定几个分配比例：增长率 25% 以下，不分红。25% 以内是存量，所以不分红。增长率在 25%~50%，分红比例"七三开"，老板 70%，干股股东 30%。增长率在 50%~75%，分红比例"五五开"，老板一半，干股股东一半。增长率在 75%~100%，分红比例"三七开"，老板 30%，干股股东 70%。增长率在 100% 以上部分，特别约定这部分分红全部归干股股东，老板一分钱都不要。

推算一下，今年假设达到 2000 万，干股股东分红是多少？增长率 25% 以下，没有分红。增长率在 25%~50% 这部分，也就是 1250 万 ~1500 万这部分是 250 万，这部分分红老板拿 70% 也就是 175 万，干股股东拿 30% 也就是 75 万。增长率 50%~75% 这部分，也就是 1500 万 ~1750 万，这部分分红老板和干股股东对半分，各拿 125 万。最后，75%~100% 这部分，也就是 1750 万 ~2000 万这部分是 250 万，分红老板拿 30% 也就是 75 万，干股股东拿 70% 也就是 175 万。用这个模型计算以后，干股股东拿的分红总额就是 75 万 +125 万 +175 万，总共是 375 万。

把这个模型弄懂了，就清楚干股增量分配机制了。做的过程中，肯定还会遇到问题。比如说，今年增长率 100%，那么明年增量怎么算？是按 25% 的自然增长率，还是按 100% 的自然增长率？如果说公司已经过了快速发展期，就按 25% 的增长率，要是按 100%，今年肯定冲不到 2000 万。员工不傻，他们会悠着干，得给明年留后手。

建议设定一个正常的增长率标准，让存量慢慢按增长率增长就可以。或者每年做一定的微调，这样做的好处是每年不需要定目标了。很多企业年底要定第二年的发展目标，有的企业从 10 月就开始，结果到 12 月甚至快过年了，也没定出来。老板从上往下施加压力抬指标，下面则从下往上找各种理由往下打指标。用上面这个模型，公司就不需要定目标，目标就在那儿了——每年 25% 的增长。建议企业刚开始做股权激励，从干股做起。

连锁门店股权设计520模型

连锁门店股权设计 520 模型之"520"的意思不是"我爱你"，指 5 个 20% 的意思。把百分百的股份分成五部分，各占 20%。5 类入股对象：20% 集团公司、20% 门店团队、20% 集团公司管理层，另外两个 20%，一个用于外部投资人入股（纯财务投资人可以入股）。另外一个 20% 可以面向你的客户进行消费众筹，消费入股。

接下来，我们详细讲 520 模型如何进行设计。门店假设初始投入资金是 100 万。100 股的话，就是 1 万块钱一股。门店团队可以按 1 万块钱一股，20 股就是出资 20 万。外部投资人入股，需要有一个溢价，因为门店团队是出钱又出力，纯投资人是只出钱不出力，所以外部投资人要按 2 万块钱一股入股，20 股就是 40 万。集团公司管理层的性质相当于是介于门店团队和集团公司管理层之间，所以他们的入股价格可以设置成 1.5 万，20 股就是 30 万。另外，还有 20% 的消费众筹股价格也是按 2 万块钱一股，20 股就是 40 万。需要注意的是，消费众筹一般分红给他们不是分现金，而是转换成同等价值的产品，比如你开的是彩票店，众筹股东投了 10 万块钱，年底分红能拿 2 万，你不是给他发 2 万现金，你给他价值 2 万块钱的彩票。假如你是开美容院美容店，众筹股东投了 10 万块钱，年底分红给他 2 万，这 2 万转化成储值卡。因为众筹股东更多的是找感觉。消费众筹 40 万，外部投资人 40 万，集团公司管理层 30 万，门店团队 20 万，加起来是 130 万。

都 130 万了，还需要集团公司出资吗？已经不需要了。不仅不需要，门店还没开就已经净赚 30 万。这么说有点虚，绝对不能靠这个挣钱，利润应该来自于经营，这里只是谈这个概念。通过这么一个简单的模型设计，未来开直营连锁店现金流不是问题。还要约定等这 100 万的初始投资金回本以后，让门店团队拿大头分红，让他们拿50%甚至更高的分红。这个模型解决了集团公司开门店扩张的现金流问题，解决了门店团队工作积极性问题，也解决了集团公司内部上下级串联利益一致的问题及身边朋友投资的问题，另外还解决了门店与客户形成强关系链帮你做客户转介绍的问题。

上面所讲这些数字都是假设的，实际应用的时候，假如要按这个模型去操作的话，还是要结合企业的实际情况做设计，做数据上的调整，千万别硬套模型。重点强调一下在进行股权众筹时应注意众筹的方式、人数、资金等不要违反相关法律规定，比如非法集资罪、非法吸收公众存款罪等涉众型金融犯罪。

从创立到上市，股权结构演变

一个企业从成立到上市，股权结构如何变化？需要经历哪些阶段？

一般企业刚成立的时候，很多都是夫妻店模式，股东就夫妻两人。这个时候，假定注册资金是100万，股份你占70%，妻子占30%。这就是企业最初的模样，很多企业其实都是这个样子。干着干着，随着企业发展，业务发展，夫妻两个人有点忙不过来了。这个时候，找了两个外人张三和李四。他们愿意共担风险共享利润，那就让他们两人股吧，他两就成了合伙人。股权结构做了调整，妻子的30%转给了张三和李四，张三占20%，李四占10%。

妻子退出了公司管理层，在家相夫教子。

后来，李四由于一些问题与公司发生激烈矛盾，李四决定退出。公司就把李四的股权回购回来，购回的10%的股权怎么分? 10%的股权留着给以后干得好的员工。就成立了一家有限合伙企业。你做GP，财务经理做LP，暂时代持股份。这时候，公司股权结构就变成了你占70%，张三占20%，有限合伙企业占10%。

经过努力，公司顺利发展，商业模式越来越成熟，公司运营步入正轨。上市计划提上议事日程。为了后续资本运作，决定把一部分自然人直接持股的股权调整为通过控股公司间接持股。这一步的好处主要是两个，一个是减少税务，二是掌握控制权。这时候，开始搞一个家族公司，你跟孩子俩人通过这个家族公司跟张三成立一个控股公司。控股公司里面，家族公司占80%股权，张三占20%。通过控股公司来持有你现在这个公司大概60%的股权，你自然人持有大20%多点，张三自然人占8%，控股公司占60%，持股平台占10%。这个就是现阶段公司的股权架构。你自然人持有部分最好也直接转成让孩子来持有，这样就直接解决了企业传承问题。10%的平台持股别一直在那儿当摆设，可以让团队成员随时入股。

需要注意的是因为前期成立持股平台的时候比较仓促，刚开始是自然人做 GP，这其实是有潜在风险的。尤其企业盘子越来越大的过程中，因为 GP 是无限责任。你可以把 GP 换成你控股的一个有限责任公司。这个公司没什么业务，就是专门做持股平台。GP虽然是无限责任，但是你的有限公司是有限责任，风险实际上做了一个隔离。

后来，感觉营销渠道需要建立更紧密的合作关系，比如经销商代理商，也可以让他们入股。为了方便管理，需要再成立一个专门用于经销商的持股平台。给他们的股份不要超过 5 个点，未来上市涉及上下游持股，会有 5 个点的限制。这个持股平台，还是用你刚才成立的那个公司做 GP，让经销商去做 LP。到这一步，股权结构变成了孩子自然人持股 20 多个点，张三 8、9 个点，控股公司 50多个点，两个持股平台 15 个点左右。

内部股权激励做了，外部经销商激励也做了。随着公司扩张越来越迅猛，这个时候外部投资人或投资公司开始进入了，占公司10 个点的股份。引入投资后，公司开始扩张，成立子公司，收购子公司，参股子公司等一系列并购动作，就是为了要做够上市的盘子。因为着急扩张，难免会出现亏损不赚钱的项目，要是带着亏损项目上市肯定不好，显得公司业绩不好，股民也不认。就要剥离这些亏损公司，总是有一系列动作。上市企业不能是有限公司，要做股份制改造。随着股改完成，就进入证监会的辅导期，辅导期结束之后申请 IPO。经过两年排队等待期，最终争取挂牌上市。

如上所述，就是一个企业从夫妻店到挂牌上市的全过程，这种情形算发展比较顺利的情况。这里讲的是怎么去上市，但做企业不要把上市作为终极目标。很多上市后的企业越做越烂，最后退市的不少。重点提示：经过一系列的设立有限公司和有限合伙企业实际上控制人和股东仍是同一批人，此时财务管理就尤为重要，一定要按照正规的财务制度进行管理，其不可混同这些关联公司的账务，否则，之前一系列的操作将起不到规避法律风险的责任。

已经是50：50，如何调整？

有一家公司想搞股权激励，但是遇到一个问题，就是公司目前的股权架构是 50：50。这样的股权架构维持了很多年，他们也知道平分股权有很多弊端，但再调整有很多难处。好在两位老板关系不错，也都通情达理识大体。经过研究，他们达成共识，为了公司的发展壮大，也为了对得起跟着他们好多年的员工们，打算在公司里推行股权激励。摆在两位老板面前的难题，是他们不知道该怎么操作。最开始他俩的想法是两人各拿出 10%，但是后来一想这样做有风险。拿出 20% 股权之后，他俩的股权都小于一半，存在小股东绑架大股东的隐患。假如让其中一个人贡献出自己的股权，显然不可行。想来想去也没想出好办法，股权激励的事就被架在半空中了。

不论理论还是实践，平分股权这样的股权结构的确是最差的结构。但是现实操作中，许多公司又都是这样做的。这家公司的幸运之处在于两位老板能达成共识，都愿意在公司推行股权激励。要是一个想搞，另一个不想搞，就没办法操作。

解决这样的问题其实也不难，只要采用增资扩股的方式成立一个持股平台就可以。成立一个有限合伙企业，进入到这家公司，占股 20%。两位老板同比例稀释，各自 40%。

这样的有限合伙企业里面，分为普通合伙人，也就是我们平时说的 GP，还有就是有限合伙人，也就是 LP。GP 承担无限责任，拥有有限合伙企业全部的表决权。LP 承担有限的责任，但是没有表决权。两位股东中选出一位来当这个有限合伙企业的 GP。这样一来，这个人就拥有这家公司 60% 的表决权，已经过半了。分红权没影响，还是一样。这就完美解决了股份平分带来的问题。

股权激励对象越多越好吗？

有一些不太懂股权激励的老板，总希望给更多的人授予股权，甚至恨不得给所有员工股权。股权激励有个基本原则，就是小步快跑。尤其初次推行股权激励，不但要掌控好火候，还要把握好度。稀缺性是股权发生激励作用的根本特性，一下子给了很多人，甚至人人得股，那还有谁去珍惜它呢？人人手里都有股，摊成了大饼，做成了大锅饭，就不可能有激励作用。大锅饭，养懒汉。小股东没感觉，大股东干着急。股份撒出去了，但是没有得到想要的效果。股权一旦放出去，要想再收回可就没有那么容易了。

并不是说股权不应该给很多人，完全可以给，越多的人成为合作伙伴是好事，但必须循序渐进，稳步推进。再说股权不是福利，进入必须要设立门槛，也就是进入条件。老板不能以个人好恶或主观意愿决定让谁进来，不让谁进来。能不能拿到股份不是哪个人说了算，而是要卡条件。所以确定入股条件十分重要，条件太低，能进来的人就很多。假如说确定的入股条件只有一条入职两年以上，那公司几百号人都进来了。发现进来的人数偏多，就可以提高进入门槛，将两年修订为五年。如果人数仍然多了，继续加高门槛，提高条件。不但要求入职时间，还要加上其他一些条件，比如职位、级别、业绩等。能不能进来，按照进入条件一条一条对照。进来的欣喜若狂，进不来的也心悦诚服。

之所以不建议一上来就给很多人股份，因为按照常规，首期股权激励通常给的股份是 10 到 30 个点，中小企一般是 15 个点，如果公司盘子很大，可以少一些。当期分红占全年收入的 1/3 或 1/4 就可以。假如年收入 30 万，分红 10 万就比较适中。这样的度，对于被激励者而言，感觉最好，能找到成为股东的感觉。如果太低，激励性不强。太高了也不行。这个度需要测算，找到最合理的区间。

前期股权激励主要针对核心层，后期可以有控制地释放到高管和中层，循序渐进逐步下移。不建议给基层员工股份，除非是特别优秀的技术骨干和业务骨干。

商业新贵：城市合伙人模式

最近两年出现了一种新兴商业模式——城市合伙人商业模式。许多人还不太了解，有人认为就是变相的招商加盟模式，有人认为就是代理经销商模式换了个马甲而已。

传统的加盟代理模式通常就是授权品牌管理，半年收取费用，标准化程度不高，各个门店经营状况参差不齐。最大的弊端就是当加盟商加盟的第一天起，想的第一件事就是有一天要干掉你取而代之。他学会了你的技术，然后自己单干。这也正是很多连锁加盟走不长远的一个主要原因。直营模式公司现金流压力太大，也有一定风险。基于这样的背景，城市合伙人模式应运而生。城市合伙人模式介于直营与加盟之间，或者说，兼顾直营与加盟的一种模式。下面，讲一下股权架构下的城市合伙人模式。

这种模式就是让你的经销商、加盟商、你的分公司、子公司、各地办事处、你的经营团队、主要负责人入股。加盟代理最大的风险是管理不可控，总公司需控股，掌控控制权。但是经销商、加盟商是业务的主要创造者，需要有好的收益。这时可以做分红约定，总公司控股，但分红可以让各经销商团队拿大头。比如公司只分10%，剩余的90%属于经销商。这是为了让对方没有后顾之忧。

有人可能有疑问，公司前期出资肯定很多，这样少的分红会不会吃亏？这样操作什么时候才能回本呢？城市合伙人最大的特点就是不需要公司出资，或者出很少资金，可以用品牌及管理来作价入股。比如，新开一个门店需要50万，可以把门店估值100万拿出一半让经营团队入股。公司以品牌还有管理作价50万入股，这样可以做到一分钱不出。而且大家也愿意入股，因为他们股权占一半，分红却能拿 90%，他们会觉得很赚。甚至百分百的分红都可以给团队，这样更能激励大家为自己干。公司每年只收取品牌费和管理费。对公司还是经销商，其实是双赢。

电商公司如何对主播进行股权激励？

抖音、快手等短视频平台都很火，随之兴起视频带货新业态。视频平台有很多带货主播，而且很多主播背后都有经纪公司的影子，这些主播与经纪公司签约。那么对视频平台的主播，电商公司该怎样设计股权激励模式？

谈到主播带货，最典型的案例就是李佳琦。他从普通打工者逆袭到现在，既成为公司股东，也成为了老板，非常成功。主播股权激励的底层逻辑与资源入股、技术入股没有什么本质差别。有一位电商老板新做了一个抖音加直播的公司，想挖一个主播牛人，采取工资加股权的薪酬模式。首先，这个模式非常好。纯粹的工资模式现在来讲已经有点落后了，有很多弊端，只要别人出钱更高，人家就会跳槽，跟着钱跑。给股权就不一样了，利益绑定之后就会有无限可能。但有一点不能忽略，对方是零成本零投入入股，没有风险压力，只有利益的收成，一旦公司效益不佳，人家会毫不犹豫拍屁股走人。所以可以给股权，但一定要设定限制性条件。前期以干股或虚拟股权的形式操作比较适合，风险较低。

直播现在很火，但是能火多久，谁也不知道。像微博、微信公众号、喜马拉雅等都火过，现在短视频平台又很火，下一个风口呢？所以还是要回归到技术入股的两个本质性的条件，一个是时效性，一个是不可替代性。请来的主播，能不能持续火下去？能给你带来5~10年持续热度的收益吗？作为主播的影响力能不能达到同行业前三名的水平？这都是需要重点考量的方面，任何一个条件不能满足，都需要慎重考虑。对电商公司的主播实行股权激励，还是按技术入股的逻辑去操作，采用干股转实股好一些。

第8章
经典在线：股权设计案例赏析

本章列举一些成功大企业的股权设计及股权激励案例。或许大企业的股权设计不太适用于中小企业，但是我们可以从他们的股权实践中看到智慧的光辉，看到企业老板不一样的思维、博大的胸襟、大格局、远大理想、人文情怀。不论企业规模如何，股权设计的要点是相同的，股权激励的本质是一致的。对于我国目前现状而言，将股权运用于员工激励，不论是理论研究，还是商业实践，都属于刚刚起步阶段，还有很长的路要走。学习成功的经验，规避失败的教训，对于我国企业的发展都有重要意义。

同心共享："碧桂园"的股权激励

"碧桂园"近几年发展非常迅猛，目前已经跻身为行业前三。

"碧桂园"的股权激励制度依托的是同心共享制度。"碧桂园"起步时间不长，最初他们推行成就共享制度。推行第一年，员工都将信将疑，很多人觉得老板是在欺骗他们。到了年底，有人发现自己竟然拿到了 8000 万元的奖励，怀疑是不是财务打错款了，是不是多打了一个零。他就跑去找杨国强询问，杨国强告诉他，这是根据他的业绩计算出来的，是他分红应得。这件事在公司内部传开了，刺激了很多人。大家发现原来是真的，股权激励并不是空头支票。到2013 年所有人就都开始拼命工作了。

2014 年 10 月，"碧桂园"又推出了同心共享制度。规定所有新项目都要采取跟投机制，就是项目经过内部审批定案以后，集团投资 85% 以上，然后拿出不到 15% 的股权让员工跟投，同股同权，成就共享。哪些人员参与呢？集团总部的董事，像总裁、副总裁、中心负责人等，以及其他高管，他们都是强制跟投。另外，区域总裁以及区域其他高管，也是强制跟投。还有就是项目负责人，如项目总监、营销总监等，强制跟投。具体负责项目拓展的、项目跟进的、投资跟进的这些人员，跟这个项目相关的管理层都要强制跟投。其他与项目关系不大的管理层人员以及普通员工可以选择自愿跟投。

这 15% 的跟投股权比例是怎么划分的呢？主要是三部分，第一部分由总部高管组成一个基金，通常是成立一个有限合伙企业，作为持股平台，股权大约 5%。第二部分是区域平台对区域内的每个项目进行平均跟投，比例通常是 5% 以内。第三部分是项目团队跟投所管的项目，比例通常是 5% 以内。他们跟投股份的出资资金来源主要是自筹，但是集团公司可以为员工提供一定额度的贷款，或者帮助申请贷款。比如某个项目投资跟进人员总共负责跟进两个项目，公司要求他每个项目跟投 10 万元，两个项目总共 20 万，集团可以提供 12 万的贷款，贷款按同期银行贷款利率计算利息。剩下的 8 万你必须要自筹，找亲戚朋友借，必须得自己出点钱，才能一起承担风险。

由集团和员工共同出资组成项目，公司员工成为股东和老板，享有股东收益，项目有盈利的时候享受分红。如果项目出现亏损，那么参与者也要一起承担亏损。这样就实现了责权利统一。集团公司控股 85% 以上，员工和区域团队成立的有限合伙企业平台 10% 左右，集团的高层成立合伙企业占 5%。在这样的同心共享制度下，"碧桂园"员工不再是纯粹的打工者或者职业经理人，而成为项目公司的老板和股东。实现员工在公司内部的创业，这个实际上就相当于杨国强家族与员工合伙经营企业。我们知道房地产行业的进入门槛是比较高的，很多小房地产公司基本上干不过三年，就因资金链断裂跑路了。可以说员工个人几乎没可能直接进入房地产开发行业，但"碧桂园"通过同心共享制度，员工可以成为股东，可以搭上公司在融资以及品牌溢价方面的便车，享受到资金杠杆以及土地升值的收益。

据统计,"碧桂园"员工跟投这些项目,年化收益率高达 65%,这个真的很高。投资市场能保证每年 20% 的收益已经很不错了。正是因为公司的这种让利,成就了员工,也成就了杨国强的"碧桂园"。2015 年实施了同心共享制度之后,据说有一位曾经在其他房企有过从业经历的项目总监,在其他房企的年薪 30~40 万,入职"碧桂园"东莞市清溪镇的一个项目之后,项目开盘第一天就获得了 10 亿的销售额。凭这一个项目,这个项目总监就拿到了 1100 万的收入,是他以前最高年收入的 30 多倍。2015 年,"碧桂园"有两位区域总裁收入突破了亿元。2016 年,"碧桂园"有 6 位区域总裁年收入突破了亿元。收入超过千万的人数太多了,都说不清有多少。怪不得"碧桂园"总裁莫斌说,老板给我们发的钱实在是太多了。杨国强曾说,花 20 万请一个不能做事的人,是浪费时间和金钱,不如花 300 万请真正有能力的人来做。"碧桂园"员工说假如你有英雄的能力,主席肯定会非常慷慨。流传着一个故事,杨国强曾问马明哲,你管理着平安万亿资产,有什么秘方吗?马明哲回答说,我能有什么秘方,就是用优秀的人,我这里有很多年薪千万的人。回去以后,杨国强对时任"碧桂园"人力资源总经理的彭志斌说,我给你 30 个亿,你去给我找 300 个人来。

"碧桂园"如此舍得大把给钱,自然有人愿意卖命干活。拿到过亿元年薪的刘森峰曾经说,有了这样的收入,我们整个区域当时都跟打了鸡血一样。知情人士透露,2017 年春节"碧桂园"销售人员超过一半没有回家过年。

"碧桂园"的成功之道，似乎非常简单。"碧桂园"的股权激励操作起来也不是那么复杂，其实主要就是两点：企业与员工共享收益，员工与企业共担责任。股权激励做不好，或者说企业经营不好的原因，就是因为很多老板只强调员工与自己共担责任，而不强调老板与员工共享收益。如何做股权激励？学学"碧桂园"的杨国强。

10万元"格林兰"控制190亿"绿地"

股权激励最主要的不是担心分钱，因为一般考虑做股权激励的老板，他都是舍得分钱的。老板主要担心的其实还是分权的问题，就是害怕股权分出去之后，自己不能说了算，大事小事都要听取小股东的意见，这样的话会影响公司决策。所以，很多老板考虑来考虑去最终就放弃了。这是很现实的问题，如果能解决同股不同权的问题，股权激励实施起来会很顺利，很多老板也会愿意去做。

有限合伙企业的出现就很好地解决了这个问题。有限合伙企业里面分为两种合伙人，一种是普通合伙人，也就是我们平时说的GP，一种是有限合伙人，就是LP。普通合伙人对外行使有限合伙企业的表决权，当然也要承担无限责任。有限合伙人没有表决权，但是可以正常享有分红权，只需承担有限责任。"绿地集团"把有限合伙的控制权应用到极致。当时"绿地集团"借壳上市面临的一个重要问题就是内部股东持股会引发风险。因为当时政策规定员工工会这种持股会是不具备法人资格的，所以不能作为上市公司的股东存在。当然，还有考虑公司控制权设计的问题。

"绿地"解决这一问题的思路就是管理层43个人成立了一个管理公司，隔离了投资管理公司。用这个公司做GP也就是普通合伙人，然后职工持股会的这些成员都作为有限合伙人也就是LP，装到32家有限合伙企业里面去。然后，"格林兰投资公司"再跟这32个有限合伙企业再组建成一个有限合伙企业，就是"格林兰投资企业有限合伙"，这样形成一个嵌套式的有限合伙组织。具体操作分为三步。

第一步，成立"上海格林兰投资管理有限公司"。公司由43位自然人股东组成，主要就是"绿地集团"管理层成员。这些管理层投资成立上海格林兰投资管理有限公司，注册资金10万块钱，法定代表人就是绿地的董事长兼总经理张玉良。

第二步，成立上面说的那32个有限合伙企业。这里我们叫它小的有限合伙企业，取的名字也非常简单，就叫上海格林兰1投资合伙企业，上海格林兰2投资合伙企业，一直到上海格林兰32投资合伙企业。每个企业都是由不超过49名的自然人作为有限合伙人，因为合伙企业最多就50个人，所以每个合伙企业里面不超过49人。第一步成立的格林兰投资公司作为唯一的普通合伙人进入这32家小的合伙企业里面。其中格林兰投资只是在每个企业象征性的出资1000元, 在32家有限合伙企业里面就一共只出资了3.2万元。这32家小的有限合伙企业的有限合伙人就是1997年成立的上海绿地职工持股会的全体成员, 出资就是持股会会员的股权。

第三步, 再成立一个大的有限合伙企业, 也就是格林兰投资有限合伙。然后, 把原先绿地职工持股会进行吸收合并。这样下来, 这个大的有限合伙里面有33个合伙人。其中格林兰投资是普通合伙人, 其他32个小的有限合伙企业是有限合伙人。格林兰投资在里面出资6.8万, 加上前面在32个小合伙企业里面出资的3.2万, 刚好是10万块钱。其实都不用10万, 他用了3.2万就控制了大的有限合伙企业。

通过这些操作整合之后, 上海市国资委合计持股比例没有超过50%, 没法对"绿地集团"形成控制。当时的"上海地产集团""上海城投"这两家又是相互独立的主体, 他们作为主要的财务投资人, 将来也不会实质性地介入到"绿地"的日常经营管理中去。"绿地"管理层嵌套形式成立的有限合伙组织"格林兰"通过28%的股份成了第一大股东, 绿地管理层也就控制了整个公司。

这番操作, 让人想起一个词——四两拨千斤。操作思路其实很简单, 就是通过GP和LP的设置, 普通员工只需要作为LP, 享有相应的权益分配就可以了。由管理层作为GP, 这样既解决了决策效率问题, 也避免了控制权分散的问题。同时, 通过他们做GP,

也增大了风险连带责任，赋予了更高的职责。在这种模式下，张玉良团队一定会在经营管理中更加有动力。其实，绿地改制的这种模式对于未来的很多国企改制，包括清理员工持股会或者新设员工持股计划，都有非常积极的借鉴意义。

虚拟受限股："华为"股权设计

"华为"股权激励大致经历了这么几个阶段：第一个阶段，就是 1990 年开始，设计的一个员工持股计划。第二阶段，就是 2001 年年底网络经济泡沫破灭之后，"华为"开启了一个虚拟受限股的改革。第三阶段，2008 年全球经济危机的时候，"华为"推出了大力度的饱和配股。早期"华为"的股权激励主要解决两个问题：一是稳定创业团队，激发员工干劲；二是减少企业现金流压力。股权配发主要是根据员工职位、年度绩效、任职资格这些因素来确定数量。2001 年开始，实施虚拟受限股之后，不再配一块钱一股的股份，价格开始跟每股的净资产挂钩。同时，老员工原来的股份也逐步转化为虚拟股，持有虚拟股的员工获得的收益体现在两点，一是分红，二是股份的增值。

目前，"华为"有 10 万的股东。任正非的股份慢慢被稀释，现在不到 1%，只有 0.84%。"华为"的股权设计应该叫全员虚拟饱和受限制股，怎么理解呢？"全员"不是说全体员工，指工作一年以上的中方员工。现在已经不实施全员配股了。"虚拟"就是说是非法律意义上的股票，没有所有权，没有表决权，没有外部市场价格，只享受利润分红和企业内部认可的增值。"饱和"就是职级顶格配股，职级不升，那在这个职级上配满之后，就没有配股的机会。比如14级顶格数是三万股，15级顶格数十万股，在14级能不能入十万股呢？不行，最多就三万股。"受限"指的就是不能进入市场流通，不能自由买卖，辞职的时候，由公司收回。从定义就基本明白，虚拟受限股跟原始股、期权是不同的。它实质上就是分红权，员工并不在真正意义上持有公司股份。一旦员工离开或者触犯一些条款，公司有权按照事先约定的价格收回。所以，虚拟受限股对于企业来说是完全可控的，风险非常非常小。建议刚开始做股权激励的企业可以先从虚拟股做起。

358模式："喜家德"股权激励

"喜家德"是2002年在黑龙江鹤岗成立的，开了第一家店。目前在全国40多个城市开了600多家店，员工有8000多人。所有的店都是直营模式，不是加盟店。"喜家德"的水饺就5样，虾三鲜，喜三鲜，西芹鲜肉，鲜虾馅，香菇肉。

"喜家德"为什么能做这么好？"喜家德"创始人说，我们只是用坚定的信念一生只做一件事，没有什么特别的秘密。"喜家德"最初是雇佣制，后来变成合伙人模式。"喜家德"的358模式就是在这种理念下产生的。3就是3%，店长考核成绩排名靠前的可以获得3%干股收益。5就是5%，如果老店长培养出新店长，符合内部考评标准，老店长就可以在新店长开的店里投资入股，占股5%，可以做小区经理。如果一个店长培养出了五名新店长，只要符合内部考评标准，就可以在新店投资入股，占股8%。可以做区域经理。这个模式下，店长会努力培养新店长，就解决了教会徒弟饿死师傅的问题。另外，"喜家德"还有一个20%，如果店长是片区经理，那么他就可以独立负责选址经营，这个时候他就可以获得新店投资入股20%的权利。358模式极大调动了店长培养人的积极性，更关键的是老店长与新店长之间是利益共同体。

公司职能管理层也根据不同层级设定了考核标准，达到考核标准也可以按规定投资入股。充分调动了集团管理层的积极性，公司从高层到基层所有人的积极性都被调动起来了。这种股权激励模式使员工对投资入股非常期待。

358模式背后隐藏的关键点是"喜家德"拥有完善的考核机制和管理体系。一个庞大的公司如果没有有效的运营机制，很难做到公平公正。考核机制不健全，考核规则不清晰，很可能会激励一批人，而激怒了另一批人。

以培养人为主要标准的机制，避免了很多的连锁企业在扩张时会出现的主要问题。许多企业出现问题常常并不是因为资金问题，而主要是缺人。"喜家德"模式下，因为老店长与新店长之间是利益共同体，有效规避了培养徒弟饿死师傅的弊端，使得店长更愿意把自己的技术毫无保留地传授给别人。因为彼此信任，为了得到自己的股份，千方百计尽快多地培养一些人才出来。内部的人才成长机制是支撑"喜家德"持续发展的关键。

综上所述，看似简单的358模式，其背后透露出的是"喜家德"完善的管理体系，还有健全的运营机制。对于人员的选用育留有着一套严格的制度和流程。从358到20，层层递进。只要干得好，就可以持续上升。结合马斯洛需求层次，既不至于激励不足，也不至于因为过高的收益而失去进取动力。"喜家德"有自己的商学院，每年都会对员工有计划地进行培养培训。无论从技术还是从管理的角度，"喜家德"都有标准，有据可循，有法可依。这套模式跟公司员工的发展晋升通道相关联，到一定级别或者达到什么成绩才可以获得晋升的资格。一个简单的股权激励模式，背后一定有一套不简单的管理机制。没有配套的制度体系作支撑，股权激励一定会出现很多问题。

最重要的先要有完善机制的意识，有好的管理机制，才能逐渐释放股权激励的效果。股权激励要分阶段、分层次、小步快跑，不要一刀切，千万别急着做方案。如果效果不好，还不如不做。企业发展阶段不同，人员不同，行业不一样，运营体系不一样，股权激励方式也就不一样。要结合自己企业的实际状况，探索适合自己的激励模式。别人的模式再好也不一定适合自己的企业，照猫画虎，依葫芦画瓢，只能学到形式的东西，而无法产生想要的实际效果。举个最简单的例子，两个人身高一样高，即便他俩穿一样的衣服，穿出来的效果也是不一样的，因为毕竟还有胖瘦之分、腿长腿短等问题。

"喜家德"的股权激励做出了新高度，值得研究、思考、学习、借鉴。"喜家德"股权激励模式是鼓励先进、鞭策后进的模式，只有优秀的员工才有资格投资入股。没有把股权当福利，而是把股权激励变成一种提升进取的机会。

"小米"的股权设计与激励

"小米"的股权设计和股权激励实践对中小企业都有参考意义。2018年7月9日，"小米"登陆港交所，成为港交所力推同股不同权之后的首批挂牌企业。"小米"用了八年时间，业绩从零做到一千亿，成为全球第四大智能手机厂商，全球最大的智能硬件IPO平台，上市公司估值高达450亿美元。从2010年公司成立到2018年成功上市，"小米"用股权激励招募了八位联合创始人，绑定了7000多名员工。

雷军善于用股权把大家绑在一起，"小米"八位联合创始人都是行业牛人。没有这些牛人，也就没有"小米"的现在。反过来，因为持有"小米"股权，这些牛人最终也获得了巨额回报，他们的身价均已超过5亿美元。除了对联合创始人做股权激励，雷军从"小米"成立之初，就有意识地搭建多元化的股权结构，建立规范的公司治理机制。截止公司上市，"小米"一共进行了九轮融资，通过引入战略投资，不但为"小米"提供资金，也提供了战略资源保障，为公司发展奠定了坚实基础。

"小米"股权激励成功的原因主要体现在三个方面。

一是有清晰的股权战略。雷军在成立"小米"的时候，已经是很成熟的企业家，他为"小米"制定了清晰的股权发展战略。制度严格，系统性展开，有步骤地推进。在分享股权的同时，攥紧公司控制权。只有拥有公司控制权才能够控制公司的运营效率。"小米"选择在中国香港上市，且等到港交所推出同股不同权的制度之后才上市，也是基于同股不同权的精心设计。只有真金白银的投入，才能真正绑定合伙人。"小米"的八位合伙人在公司A轮融资的时候都是真金白银投入，从一两百万到几千万不等。有的合伙人为了解决出资问题，甚至出售了在原来公司的股权。相对于现金，"小米"更需要的是出资行为，它背后代表的是责任心和对"小米"未来的信心。

二是"小米"独特的薪酬模式。新员工加入"小米"的时候，薪资结构有三种自选方案：第一种，现金工资，工资该多少就多少，按月发。第二种，2/3 的工资加一部分股票。第三种，1/3 的工资加更多的股票。结果，20% 的员工选择了第一种和第三种，80% 的员工选择了第二种。通过这样的方式，"小米"寻找到愿意一起为"小米"事业奋斗的优秀员工。现金加股权的薪酬结构设计，可以优化公司现金流，可以留住有创业梦想的员工。

三是实施普惠式股权激励方案。2011 年 5 月，"小米"公布普惠式股权激励方案。一方面，实施机制非常灵活。规定针对激励对象的激励模式、授予时间、数量、行权时间、行权价格都由委员会来全权决定，不需要股东会审批。可以根据自身业务发展状况来确定合适的行权时间和价格，可以根据激励对象的能力和素质设定个性化的激励方案。另一方面，激励范围非常广。"小米"员工总数大约 1.9 万人，参与计划的员工达到 7126 人，占比约 40%，超过 1/3 的员工参与了上市前的股权激励，激励力度非常大。同时，行权条件非常宽松。只需要满足服务期限就可以，不涉及业绩考核。时间周期非常长，等待期 1~10 年。

后记

在我国古代流行一种文体叫笔记，就是文人墨客或当政官员在学习工作之余所写的读书笔迹或人生感悟或风土人情等。我们现在可能不太关注他们的政绩或者人生成就，但不能不关注他们的这些笔记，这些笔记就成为了我们研究和了解当时社会风貌的资料。这一点可能连作者都不会想到。换言之，我们的成就也许来自工作之余的无心之作。在职场有一个很流行的理论，一个人的成就大小很大程度上取决于他的八小时之外。

现代人由于生活节奏快捷，已经很少有大量的时间和精力做深度思考，碎片化的时间更容易形成简短的生活感悟，而不会成就大部头的著作。除非我们是专业的研究人员或职业作家。我曾看到过一篇文章，作者说他一直想写一部关于自己专业类的书籍，但是一直苦于没有时间，只好一推再推，直到他退休了自己的书还没有写出来，当有时间写的时候，精力又跟不上了，只好作罢。我也有这样的担忧，不过好在，我从参加工作至今也有二十多年了，一直没有放弃学习，我的学历都是利用工作之余自学完成的，这就养成了一种习惯，化整为零的学习习惯。先制定学习目标，再制定学习计划，尽量分化到每一天的学习量，不怕少，聚沙成塔。十几年坚持下来，已然取得了不可思议的成绩。

成功的经验是可以复制和借鉴的。虽然我没有整段的时间做深入的思考和写作，但是我可以先列一个写作计划，然后再把写作任务化整为零。将交通拥堵的上下班时间，留下来写上一小段，或者周末、节假日在办公室加会儿班，日积月累竟然完成了本书。虽然内容可能不是很连贯或者琐碎，亦或是有不尽之处，但是都不能磨灭这种积沙成塔的工作方法。同时，我也在策划另一部关于合伙创业全方位法律指南的书，计划大约三十万字，案例和观点与这本书相似，但是由于角度的不同，仍然不失为一种经验类的实用书籍。

在写作过程中发现我们不缺理论研究的法学专家和高深的专业著作，但更需要普通人一看就懂，看懂就能用的普法类书籍，可以浅显一些，不必深研内在逻辑是否严密，观点是否具有前瞻性，语言是否准确优美，只要知识点不存在错误和误导就可以。

最后，本书的写作凝聚了集体的智慧，需要感谢的是我的团队成员郭建荣、苏秀秀、谈逸轩、赵梓佑、李忠、张文彬、李惠君、杨静、马贵生、舒玲利等，是他们积极努力地工作，使我有了精力和时间完成我的写作。特别感谢我在盈科西安分所的领导和同事，白正谊主任、王丽萍主任、冯贵强主任对写作做出的珍贵指导。公司争议解决部肖军律师、商事争议解决部孔峰辉律师、金融资产部张海斌律师、中小企业法律部刘东晨律师、企业法律风控部徐嘉若律师、家族法律事务部雷敏慧律师、刑民交叉法律部王毅律师、刑事法律部田宏伟律师等提供的大量案例。还有其他关心和支持我的亲朋好友，再次致以亲切的敬意！

程向辉

2021 年 3 月 9 日